«Was soll's», dachte Monsieur Dudron,
«man ist nicht grundlos Sohn einer Sirene.»

Foto: Mori, Mailand

Giorgio de Chirico
Monsieur Dudron

Autobiographischer Roman

mit Beiträgen von Paolo Picozza, Jole de Sanna,
Walo von Fellenberg, Luciano Fabro,
Georg Baselitz und Johannes Gachnang

und den zehn Abbildungen
des Zyklus *Mythologie* (Bagni misteriosi)
von Giorgio de Chirico

aus dem Französischen und Italienischen
von Walo von Fellenberg

VERLAG GACHNANG & SPRINGER
BERN – BERLIN

Paolo Picozza

Anmerkungen zur deutschen Ausgabe

Die erste Ausgabe des Roman-Traktats *Monsieur Dudron* von Giorgio de Chirico erfolgte 1998 aus Anlass des 20. Todestages des Künstlers durch die Stiftung Giorgio und Isa de Chirico (Verlag Le Lettere, Florenz). Es ist die letzte der verschiedenen vom Künstler im Laufe seines Lebens erarbeiteten Fassungen.

Monsieur Dudron ist ein autobiographischer Roman, dessen Publikation immer von neuem für demnächst angekündigt wurde, und den der Autor mit seinem eigenen Leben in Übereinstimmung zu bringen trachtete. Er vereinigt die verschiedenen Fassungen des *Dudron* Romans und einige theoretische Essays über die Kunst des Malens, die der Künstler nach 1940 verfasste und die schon vereinzelt in verschiedenen Revuen erschienen waren; im Jahr 1945 schliesslich innerhalb seines Traktats *Commedia dell'arte moderna* (Verlag Traguardi, Rom). Zu dieser Zeit verdoppelt sich de Chirico als Autor und wird zu Giorgio de Chirico-Isabella Far, nach dem Pseudonym, mit dem er seine Frau Isabella Pakzswer auch im wirklichen Leben versah.

Der vorliegende Roman vereinigt die verschiedenen Fassungen des *Dudron* Romans, zusammen mit einer Anzahl theoretischer Ausblicke, in denen der Maler de Chirico den theoretischen Vorgaben von de Chirico-Far (*Phare, Faro, Leuchtturm* und *far, weit, entfernt*) folgt, um welche sich ein Rahmen aus autobiographisch anmutenden, poetisierenden Episoden aus dem Leben des *Monsieur Dudron* spannt.

Das erst vor kurzem wiederentdeckte erste Romanmanuskript erlaubt es, der ursprünglichen Kompositionsanordnung des *Monsieur Dudron* zu folgen. Das von Hand mit Bleistift voll geschriebene Heft befand sich unter den Schriftstücken de Chiricos neben einem Bündel mit Entwürfen aus dem Jahre 1924 und den Gedichten, die de Chirico während seines zweiten Parisaufenthaltes nach 1925 an der Côte d'Azur geschrieben hat. Der Text wurde zunächst in französischer Sprache verfasst und trägt noch den Titel *Monsieur Dusdron*. Alle späteren Manuskripte folgen dem gleichen Aufbau, ihre Datierung ist jedoch unbestimmt. Das erste Manuskript des Textes *Sur le silence*, von dem das einst Paul Eluard persönlich gehörende Exemplar sich heute im Pariser Museé Picasso befindet, stammt von 1924. Das Gedicht *Forêt sombre de ma vie* wurde im Januar 1927 in *La ligne du coeur* veröffentlicht. *Monsieur Dusdron* schliesslich ist, wie man aufgrund der Beschreibung eines dortselbst veröffentlichten Bildes (Pferde am Ufer des Meeres) und des Zitats aus dem *Kleinen Traktat über die Maltechnik* schlussfolgern kann, auf Ende 1928 zu datieren. Aus der gleichen Zeit stammt die erste Fassung von *Hebdomeros. Der Maler und sein Genie zu Be-*

such beim Schriftsteller (Editions du Carrefour, Pierre Levy, Paris 1929). Gemeinsam ist Dusdron und Hebdomeros das Wandeln im Bereich zwischen Traum und Wachen, Erinnerung und Schlaf. Es tauchen dieselben Leitmotive auf: die Stille der Natur, der verlorene Sohn, die Mutter, oder Symbole wie der Wald und die Meeresungeheuer. An einer bestimmten Stelle der Erzählung wird in *Monsieur Dudron* die Akropolis vom Wind zum Horizont fortgetragen, so wie die Insel der Glückseligen am Schluss von *Hebdomeros* (S. 74–75 der italienischen Ausgabe von 1998).

Das unveröffentlicht gebliebene Manuskript von *Monsieur Dusdron* folgt bereits dem gleichen Aufbau wie dasjenige, woraus später ein Roman *in progress* werden sollte, dessen verschiedene Stufen wir zusammenzufassen versuchen. Beginnen wir mit dem Titel *Monsieur Dusdron*. In seinen Aufzeichnungen hat de Chirico eine Spur dazu hinterlassen, er betrifft einen Zeitungsausschnitt über die italienische Übersetzung der Gedichte *Nord Süd* aus der *Anrufung des Grossen Bären* von Ingeborg Bachmann (1962). *Monsieur Dusdron* ist gewissermassen ein «Monsieur Süd-Nord». Aus ihm wurde, wie man einem Abschnitt von *Hebdomeros* (italienische Ausgabe, S. 74–75) entnehmen kann, ein «Monsieur Du Nord»; die Himmelsrichtung ist zum ethischen Index für Fleiss und Perfektion geworden.

1924–29. Die Texte *Rêve* (*La Révolution Surréaliste*, n.1, 1924), *Sur le silence* sowie die Gedichte führen das Sujet der Träume, des Halbschlafes und das der albtraumhaften Persönlichkeitsspaltung ein, die später in den Romanen aufgenommen werden.

1936. Der *Dusdron* Roman wird zu *Monsieur Dudron*: Du nord (dron=nord). In New York übergibt de Chirico eine Kopie des Manuskriptes dem Galeristen Julien Levy, wo am 28. Oktober eine Ausstellung mit seinen Bildern eröffnet wird. Das Kapitel, von dem Levy in seinen *Memoirs of an Art Gallery* berichtet (G.P. Putnam's Sons, New York 1977, S. 186–187) beginnt mit einer Beschreibung des Erwachens und behandelt das Thema des Mysteriums des Lebens (S. 24–27 der Ausgabe von 1968). Levy hat überdies darauf hingewiesen, dass de Chirico schon in den Bildern von 1911 und zeitgleich mit Freud ein grosser Erforscher des Schlafs innerhalb der mentalen Struktur des modernen Menschen gewesen ist.

Ein weiteres Manuskript, aufbewahrt in der Giorgio und Isa de Chirico-Stiftung Rom, enthält ein neues kurzes Kapitel, das de Chirico in New York während der Ausstellung bei Levy auf Briefpapier des Hotel Barbizon Plaza in italienischer Sprache verfasste. Dieses Kapitel führt im Wachtraum des Dudron die Figur des *Annibal* ein, des jungen Coiffeurgehilfen von zweifelhafter sexueller Ausstrahlung, gefolgt von der Beschreibung einer Armee, die von einem General durch ein von schroff abfallenden Felsen eingeschlossenes Tal geführt wird, eine Szene, wie sie schon in *Hebdomeros* vorkommt (ebda. S. 60).

1938. Die *Deux fragments inédits* (Collection «Un Divertissement», Paris, Verlag Henry Parisot) behandeln im ersten Teil das Schicksal und Verhängnis der Berühmtheit und erzählen von *Annibal*; im zweiten Fragment führt de Chirico seine pädagogische Utopie ein, der *Dudron* später Gestalt geben wird, mit seinem Wunsch, als Lehrer Malunterricht zu erteilen (ebda. S. 82), sowie die Figur des *Alfredo, enfant prodige* (de Chirico bambino, ebda. S. 83). Letztere taucht bereits im ersten unveröffentlichen und von Hand geschriebenen Manuskript auf, genauso wie die Einleitung zum ersten der beiden *fragments* über das Ärgernis, berühmt zu sein (ebda. S. 42, sowie *Hebdomeros*).

1940. In der Mailänder Revue *Aria d'Italia* erscheint auf Italienisch in einer Faksimile-Version *Una gita a Lecco* mit den Themen Arbeit des Malers und moderne Maltechnik. Die Figur der schönen Frau am Steuer des schnellen Autos, in welchem die beiden Hauptpersonen nach Lecco fahren, ist eine moderne Walküre, ein nordischer Mythos.

Im März erscheint in Heft 5 von *Prospettive*, Rom, *Il Signor Dudron (aus einem demnächst erscheinenden Roman)*, mit neuen Episoden: dem Wohnen im Hotel unter beschränkten finanziellen Verhältnissen (ebda. S. 33–34); der Landschaft (ebda. S. 38–39); dem kochenden Maler, der die Spaghetti verkocht (ebda. S. 50/56). De Chirico greift zudem die Themen seiner mangelnden Anerkennung und der Opposition gegenüber seinen Zeitgenossen auf.

1942-43. Unter dem Titel *Gedanken des Herrn Dudron* erscheinen in deutscher Übersetzung Ausschnitte aus der Zeitschrift *Prospettive* in: *Italien*, Heft 7, Hamburg, 1942-43; Thema: das verkannte Genie de Chirico und das Sujet der Landschaft.

1945. *Una gita a Lecco* trägt in der französischen Übersetzung den Titel *Une aventure de Monsieur Dudron* (L'Age d'or, Fontaine, Paris). Die Walküre, aus welcher in der endgültigen Fassung Isabella Far wurde, ist die Botin, die das Thema der *Bella materia dipinta*, der schönen gemalten Materie, überbringt. Sie verkörpert aber auch die Muse, die den literarischen Rahmen für die Einführung der spezifizierten Essays über die Maltechnik spannt.

In der vorliegenden Version von letzter Hand macht *Una gita a Lecco* den Anfang. Hernach folgt Abschnitt für Abschnitt das unveröffentlichte Manuskript. Mit jeder Lektion nimmt die Vision eines metaphysischen Universums zusammen mit den Träumen und Bildern des *Monsieur Dudron* allmählich Gestalt an.

Jole de Sanna

Dudron: Du nord

Der zweite metaphysische Roman von Giorgio de Chirico wurde aus dem Körper des ersten, *Hebdomeros*, geschnitten (1929). *Hebdomeros* entstand zehn Jahre vor *Monsieur Dudron* und wurde von Pierre Levy für die Editions du Carrefour herausgegeben. Das Buch beschliesst ein nach allen Richtungen revolutionäres Jahrzehnt, und bewegt sich auf wundersame Weise auf dem Niveau der Künstler und Intellektuellen jener Zeit, dank der Kraft seiner Bilder, seiner Kompositionstechnik und der langfristig angelegten Ikonographie, und kann den intellektuellen Ansprüchen der Zeit genügen. Dieser erstaunliche Roman de Chiricos hält den Schlüssel zur Ethik der Rede *Hebdomeros*, und möchte einen eigenen Beitrag leisten bei der «Neuschöpfung des Individuums». Der Künstler als Gewissensindikator, als Moralträger der modernen Gesellschaft, definiert die Wiedergeburt des erneuerten Individuums als einen auch in bezug auf die Effizienz positiven Akt.

Hebdomeros begründet eine Metaphysik der Arbeit. *Mit der Arbeit werde ich sie und dich retten.* Die dem Gewissen und der Moral zuzuordnende Arbeit ist das Thema von *Monsieur Dudron*. In *Hebdomeros* sind Ort und Begriff der Arbeit als Thema skizziert, *Monsieur Dudron* füllt diese Modelle mit Leben. Es kommen Leute vom Land und verschiedene Ortschaften im Norden vor, der Fleiss ihrer Bewohner und eine friedliche und ruhige Landschaft, ein Resultat ihres Fleisses. Der Nordpol mit seinem Symbol, dem weissen Bär, wird im ersten Roman zum Inbegriff der Perfektion. Im zweiten Roman erscheint der Norden im Titel auf dem Umweg über das angenommene Pseudonym: Dudron ist das Anagramm von *Du nord*. Wie sein Vorgänger erscheint auch *Monsieur Dudron* zunächst in Paris; in den *Deux fragments inédits*[1] sind kurze Motive angedeutet, die im neuen Roman weiter entwickelt werden. Die endgültige Fassung entsteht gemächlich, Schritt für Schritt. 1940 erscheint die Erzählung *Il Signor Dudron*.

Diese hat ihren Ausgangspunkt in den zwei Erzählungen *Il Signor Dudron* und *Una gita a Lecco*; danach folgt 1945 im Verlag H. Parisot die französische Edition *Une aventure de Monsieur Dudron*. Sie nimmt *Una gita a Lecco* wieder auf und erweitert sie.[2]

Il Signor Dudron und *Una gita a Lecco* enthalten erzählerische Bravourstücke, prekäre Kostproben von de Chiricos Humor. In der ersten der beiden Erzählungen findet sich eine gnadenlose Darstellung eines als Koch dilettierenden Malers, während die zweite von einer katastrophalen Reise zu einem Milaneser Industriellen berichtet, einem Kunstsammler, Besitzer einer Zuchtanlage für schleimige Mollusken, für de Chirico ein Symbol des modernen Künstlervölkchens.

Schon in seinen ersten symbolischen Ausflügen tönt *Dudron* die Dekadenz der modernen Kunst an und weitet für die französische Edition dieses Konzept noch aus. In der endgültigen Fassung schliesslich nimmt er dessen Umrisse wieder zurück und führt einige Passagen ein, die im Traktat *Commedia dell'arte moderna*[3] unter dem Namen Isabella Far herauskamen. Diese schon einmal verwendeten Passagen trugen in der Periode zwischen den ersten Veröffentlichungen des *Dudron* und 1945 noch den Autorennamen de Chirico, so wie der berühmte Angriff auf die Kunst, der 1942 in *Stile*[4] erschien. Dieses Spiel mit den Namen ist die Folge einer symbolischen Spaltung seines Selbst, zunächst in *Hebdomeros* und ihn, seinem Doppel, und später dann in die Dyade Dudron-Far.

Um den Untergang der modernen Kunst zu betonen, wurde eine Figur in Mythengestalt gewählt; es ist Isabella Pakzswer, Muse und Nymphe zugleich, de Chiricos Lebensgefährtin. Isabella Far, zusammengesetzt aus den letzten drei Buchstaben ihres italienisierten Namens in Assonanz mit dem französischen *phare* (Leuchtturm, dessen Leuchtsignal den Seeleuten einen Hafen schon von ferne ankündigt) und dem englischen *far* (weit, entfernt), führt ihre Lösungsvorschläge in fünf dem Roman eingegliederten Aufsätzen vor. Sie sind den verschiedenen Artikeln von de Chirico aus der fraglichen Zeit entnommen.

Isabella Far ist die «intellektuelle» Hälfte de Chiricos, der im Roman die Rolle des vollkommenen Schöpfers übernommen hat, desjenigen, der die Materie mit alleiniger Hilfe seiner Hände bezwingt, dabei den Vorgaben und Regeln zur Rückführung der Kunst in eine Zivilisation entsprechend, die in der kurzen Zeit von nur einem halben Jahrhundert zerstört wurde.

Dudron schildert de Chiricos *lógos* zu einer Zeit, die auf die erste metaphysische Phase folgt. De Chiricos zweite Metaphysik wendet sich der *qualità* zu, der Vorstellung von der Umwandlung der Materie, aber auch dem Handwerk und seinen so vortrefflichen Instrumenten, der menschlichen Hände. Beiläufig sei hier vermerkt, dass *Una gita a Lecco* und *Brevis pro plastica oratio* als Faksimiles in der Winternummer desselben Luxusmagazins *Aria d'Italia*[5] unter dem Titel *Piccolo trattato di tecnica pittorica* erschienen sind, übersät mit Tintenflecken und etlichen Streichungen.

Dudron als *lógos* ist *lógos*, eine Struktur, um uns die Erkenntnis und die Erfahrung von Qualität zurückzugeben. Zwei Interpreten, der Maler und seine Muse, beschäftigen sich mit der Erweiterung der Methoden, um das Endziel, die Qualität, wiederzuerlangen. Das ganze Unternehmen ist auf einen jungen Akademiestudenten gemünzt, der in der Einheit als Sohn und Schüler die dritte Figur des Romans verkörpert, auf ihn konzentrieren sich Dudrons pädagogische Ideen in seinen Träumereien.

Dudrons *lógos* ist die *paidéia*, die Lehre, die Akademie. Während in der ersten Metaphysik de Chiricos die Akademie selbst als Ausbildungsgelände im

Vordergrund steht, wirkt der Künstler persönlich nun als Dozent im Vordergrund. Er hat mittlerweile die Reife des Alters (so um die 50) erreicht, die den Denker in ihm zur Kontinuität des Wissens anhält.

Paidéia. Ist der *lógos* einmal dechiffriert und die Quelle der Überzeugungen de Chiricos identifiziert, stossen wir auf das Vorbild seines Denkens und Schreibens. Was stets hinter den Kulissen zu beobachten war, bestätigt sich: die Allgegenwart der Geisteswelt Nietzsches.

Wie man wird, was man ist, der Untertitel von *Ecce Homo*, Nietzsches letztem Buch, das er im Herbst 1888 in Turin (was bedeutet Turin nicht alles für de Chirico!) innerhalb von drei Wochen niederschrieb, ist ein *Werk über die Werke*, eine Unterstützung vorher geäusserter Inhalte, ein Reflektieren und Nachvollziehen des geistigen Weges und Werdegangs seines Schöpfers. *Dudron* will seinerseits letztes Werk sein, ist jedoch von de Chirico zu Lebzeiten nicht für den Druck freigegeben worden.

Der Inhalt von *Dudron* verteilt sich stufenweise in Richtung steigender Qualität der Materie und der Erweiterung des Begriffs der Malerei. Die Plattform der Arbeit dient der Erkenntnis der Werte der Wirklichkeit, des Wissens und der Ethik, sie dient aber auch der Selbstdarstellung de Chiricos als Beobachter in jener so spezifischen zeitgeschichtlichen Kurve.

In der Forderung nach einer Qualität, wie sie gegen Mitte des 18. Jahrhunderts, dem Goldenen Zeitalter der Kunst, laut wurde, und der gleichzeitigen Exkommunikation einer Moderne, die de Chirico äusserst negativ zeichnet, hallen die vier *Unzeitgemässen Betrachtungen* von Nietzsche (1873) nach; ähnlich wie in der *Zweiten Unzeitgemässen* die «Unpersönlichkeit» und Barbarisierung der Arbeit sowie der Verlust des Ziels stigmatisiert, und in der *Dritten* und *Vierten* auf die *Wiederherstellung eines höheren Begriffs der Kultur*[6] angespielt werden, fallen auch die Urteile Dudrons in bezug auf die Kunst nicht wesentlich anders aus.

Die ethischen Wurzeln, die de Chirico übernimmt und geltend macht, verweisen insbesondere auf das Thema der Selbsterkenntnis und des Wissens, wie es von Nietzsche in seiner philologischen Arbeit während seiner Basler Zeit an der Universität entwickelt wurde.

Nietzsches Vorträge über Platons Philosophie als hauptsächlichstes Zeugnis vom Menschen basieren auf einer Abhandlung über die verschiedenen Arten von Wissen in *Tímaios: noûs*, das Wissen, das über die Lehre erzeugt wird, und *dóxa*, das Wissen als Resultat von Überzeugungskraft. Die ethische Aussage, die den Schwerpunkt der Vorlesungen bildet, verbindet die Lebenserfahrung Platons mit seinem Wissen, und seine Biographie mit den sukzessiven Stufen seiner Kultur. Die Analyse seines Denkens beinhaltet Aufklärung über die Verwandtschaft der individuellen und der kollektiven Seele, dem Staat. In der dem Staat zugewiesenen Form lässt sich schliesslich etwas von der Rolle Dudrons erkennen, die Rolle desjenigen nämlich, der die ethischen Werte hochhält und ein Garant für die Einhaltung der Gesetze in der Kunst ist. Die Tugenden dieses

Garanten sind *tel quel* Nietzsches Ideen entsprungen: Nietzsche wiederum wurde von Platon geleitet (*Der Wille zur Macht*).

Die «Philosophie als hauptsächlichstes Zeugnis vom Menschen» fällt bei Nietzsche mit der Selbstanalyse in Form einer intellektuellen Autobiographie zusammen, die der Philosoph mit 12 Jahren (1856) zu schreiben begann und im Alter von 44 Jahren mit *Ecce Homo* beendete.

«Die verflossene Zeit des Lebens zu überschauen, und die Gedanken an die wichtigsten Ereignisse desselben anzuknüpfen, kann und darf für niemanden uninteressant sein, dem seine eigene Sinn- und Geistesentwicklung am Herzen liegt», schrieb Nietzsche 1861 in einer autobiographischen Textpassage.[7]

In den Basler Vorlesungen von Nietzsche gelangt die Kunstfigur Platon parallel zur Biographie Platons an die Eckpunkte seiner Bildung: Heraklit und Sokrates. Er durchlebt im Geiste Aufenthalte und Reisen noch einmal und wird schliesslich Dozent im Garten des Akademos, ein Posten, den er mit Sklavenlösegeld erworben hat. Im Zentrum des aus Dialogen bestehenden Gesamtbildes, in deren Verlauf sich Platon seinen Jüngern als Sokrates vorstellt, taucht die Idee des Staates und der in sich selbst begründete Glaube des Philosophen auf. In der diskriminierenden Art und Weise seines Vorgehens ist es nur logisch, dass er den Begriff *areté* einführt. Es ist eine wichtige Stelle, der Schlüssel zum System Dudron: *areté* ist die Qualität einer Sache, das, was ihr ermöglicht, einem Ziel zugeordnet zu werden. *Areté*, oder die Qualität einer Sache, ist das ihr inhärente Gute, ihre Schönheit. *Areté* im strengen Sinn von *virtu* bedeutet die Tugend der Seele.

Areté ist das Thema des *Dudron*, oder wie im Roman eingangs deklariert, die Qualität. Die Qualität der Materie, das schöne «farbige Fruchtfleisch» aus *Una gita a Lecco*, ist die Achse, auf welcher die Biographie von de Chirico und die Kunstfigur de Chirico während seiner metaphysischen Zeit im Gleichgewicht gehalten werden. Die *gita* in *Aria d'Italia* wird mit einem in Athen geschossenen Familienfoto eröffnet. In diesem Punkt ist eine radikale Verwandlung in der Art und Weise festzustellen, wie die eigene Biographie geschildert wird. Das umfangreiche Gebäude der *Memorie della mia vita* kündigt sich an, das die Familie zum Thema hat, aber auch gemeinsame Pläne mit de Chiricos Bruder, dem Schriftsteller Alberto Savinio, abhandelt.

Aus der Qualität der Seele, *areté*, wie sie in der menschlichen Ordnung definiert ist, geht die Etymologie von Dudron hervor.

Es gibt vier Qualitäten oder Tugenden der Seele: Die Klugheit, die Stärke, die Übereinstimmung der Teile (*sophrosýne*) und die Gerechtigkeit. Die verschiedenen Teile, aus denen sich die Seele (rational, jähzornig, begehrend) zusammensetzt, werden von Platon auf den Staat übertragen. Wie die Seele, das von ihrem Auriga geführte, geflügelte Zweigespann, so muss auch der Staat die Qualität oder die Tugend besitzen, die sich für den Menschen ziemen. Die *basilikè téchne* ist die königliche Kunst, welche dem Staat Einheit und Harmonie sichert. De Chirico setzt sie ein, um sowohl Harmonie als auch *sophía* wieder in die Kunst zu pflanzen und, mit den Worten Isabella Fars, in die von Snobismus oder Intellektualismus verwirrten Köpfe. Übertragen auf die sechziger und siebziger Jahre unseres Jahrhunderts könnte man in diesem Zusammenhang den Radikalismus oder die Reduktionen der Konzeptkunst anführen.

Kunst und Reduktion sind gleichermassen unvereinbar wie Inhalt ohne Form nicht bestehen kann. Das ist die Quintessenz der bisher selten so begriffenen pädagogischen Absichten de Chiricos. Es ist Dudrons Mission, seine Predigt.

Wie erlangt man *sophía*? Durch Lehren und Erziehung, Dudrons Daseinsberechtigung. Diese Tugend garantiert dem Staat die Effizienz der *sophía* gegen alle «trügerischen Schatten». *Andreía*, die Stärke – diese Tugend bleibt dem Stand der Wächter überlassen, um die Ordnung gegen interne und externe Feinde zu verteidigen.

Auf seinen einsamen Spaziergängen vereinigt Monsieur Dudron alle seine Fähigkeiten zur Macht (*dýnamis*), Stärke (*andreía*) auszuüben – grossherzig und verzweifelt, wie ein Hidalgo oder ein Don Quichotte, sich selbst auf seinen Wegen begleitend – ein wahrer Herold der Künste.

«Die Tugend der Stärke», kommentiert Nietzsche, «besteht für den Staat darin, dass die Wächter das richtige Bild dessen bewahren müssen, was das Gesetz zu fürchten oder nicht zu fürchten befiehlt.» Sie ist es, die die Fähigkeit für sich in Anspruch nimmt, *sophía* in der Kunst zu erlangen; sie ist es, die den Künstler *an die Stelle des Philosophen* gesetzt hat und veranlasst, mittels Inspiration (in der Alten Kunst), Offenbarung (in der modernen Metaphysik) und mathematischer Präzision vorzugehen und eine ehrenvoll gewonnene Stärke zu verteidigen.

Wichtigste Anhaltspunkte des *Monsieur Dudron* sind die Definitionen der Kunst, vom Mythos der Isabella Far vorgetragen, welche die Kunst zur uneinnehmbaren Festung erklärt.

1 Giorgio de Chirico, *Deux fragments inédits*, Collection «Un Divertissement», hrsg. von Henry Parisot, Paris 1938.

2 Giorgio de Chirico, *Il Signor Dudron*, «Prospettive», Roma 1940, S. 7–11 (dtsch. von Egon Vietta, *Gedanken des Herrn Dudron*, «Italien», n.7, Hamburg 1942, S. 204–206); *Una gita a Lecco*, «Aria d'Italia», Milano 1940, S. 73–80; *Une aventure de Monsieur Dudron*, L'Age d'or, Fontaine, Paris 1945 (italienische Übersetzung zusammen mit Texten aus *Commedia dell'arte moderna* von Giorgio de Chirico – Isabella Far, Traguardi, Roma 1945 und Edition Il Sole Nero, Amsterdam 1954).

3 Giorgio de Chirico – Isabella Far, *Commedia dell'arte moderna*, Nuove edizioni italiane, Roma 1945; *Considerazioni sulla pittura moderna*, S. 133-149; *Discorso sulla materia pittorica*, S. 150-159; *Ritratti*, S. 160-165; *Le nature morte*, S. 166-169; *La Forma nell'arte e nella natura*, S. 180-184; *La realtà profanata*, S. 222-226.

4 Giorgio de Chirico, *Considerazioni sulla pittura moderna*, «Stile», Milano 1942, S. 1–6.

5 Giorgio de Chirico, *Piccolo trattato di tecnica pittorica*, S.A.T.E. Scheiwiller, Milano 1928; edizioni fac-simile del manoscritto, Scheiwiller, Milano 1945.

6 Friedrich Nietzsche, *Autobiographisches aus den Jahren 1856–1869*; Werke in sechs Bänden, Carl Hanser Verlag, München/Wien 1980, S. 88.

7 Friedrich Nietzsche, *Ecce Homo*, Insel Verlag, Frankfurt am Main 1977, S. 89.

Walo von Fellenberg

Giorgio de Chirico
in der Rolle des Monsieur Dudron

Jedes Meisterwerk besteht aus versteckten Geständnissen, Berechnungen,
hochmütigen Wortspielen, seltsamen Bilderrätseln.
Jean Cocteau, «Das weltliche Geheimnis»

Mit der deutschen Ausgabe seines literarischen Selbstporträts *Il Signor Dudron* wird der Maler Giorgio de Chirico (1878- 1979) als Schriftsteller vorgestellt. Der in Volos im Norden von Athen geborene Italiener erhält seine ersten künstlerischen Eindrücke zu Jahrhundertbeginn in München, wo er die Werke Arnold Böcklins kennenlernt und sich für die Philosophie Nietzsches begeistert. Nach einigen Visionen von menschenleeren, melancholischen italienischen Plätzen in Florenz und in Turin malt er seine ersten «metaphysischen» Bilder. Kurz vor dem Ersten Weltkrieg wird er in Paris vom Dichter und Förderer aller Avantgarden Guillaume Apollinaire entdeckt. Die metaphysischen Bilder begeistern die Surrealisten. Nach dem Krieg beginnt eine rege Ausstellungstätigkeit in Paris und in Italien, während der er sich zu einem gefürchteten Polemiker gegen die moderne Kunst entwickelt. Ab 1921 beginnt er, eigene Bilder und Bilder alter Meister, deren Maltechniken er sich aneignet, zu kopieren und zu interpretieren. 1927 etabliert er sich bis zum Ausbruch des Zweiten Weltkrieges in Paris. Parallel zu seinem bewegten Leben schreibt er an einem literarischen Selbstporträt in der Rolle eines gewissen *Monsieur Dudron*. Der Text wird in verschiedenen Entwürfen, Versionen und Fassungen bald auf Französisch, bald auf Italienisch und einmal sogar auf Deutsch in Kunstzeitschriften und Magazinen publiziert. Die italienisch geschriebene Fassung letzter Hand hat er zeitlebens nicht zum Druck freigegeben.

Monsieur Dudron ist eine Collage aus poetischen Miniaturen und theoretischen Exkursen. Mit traumwandlerischer Sicherheit und Präzision werden verschiedene Bilder, die vor Dudrons innerem Auge auftauchen, kunstvoll miteinander verschlungen und verbunden: ein verlassener Platz, ein ausgelassenes Fest, eine Stadt oder ein Stück stiller Natur; aber auch verschiedene Gemütszustände zwischen Angst und innerer Ruhe, wie sie sich im Halbschlaf oder Wachtraum einstellen. Anderseits ist der Aufbau klar und durchschaubar: Zwei anscheinend unvereinbaren Welten und Sichtweisen - die analytische der Isabella Far und die emotionale und intuitive des Monsieur Dudron - wechseln sich in ziemlich regelmässigen Abständen ab. Zu einem Ganzen wird die Erzählung aber erst durch die Verwandlung des scheuen, empfindsamen und melancholischen Jünglings in einen innerlich ruhigen und glücklichen Monsieur Dudron, der alle Ängste und Beunruhigungen hinter sich gelassen hat. Dank einer raffinierten Erzähltechnik, die Träume und Visionen, aber auch Erinnerungen, böse Anspielungen auf den Kunstbetrieb und bissige Anekdoten von Künstlern in inneren Monologen zu einem Ganzen verbindet, kann *Monsieur Dudron* als ein Weg zum eigenen Ich gelesen werden.

Monsieur Dudron ist Giorgio de Chirico selbst. Sein Pseudonym enthält, wenn die zwei Silben getrennt und die zweite von rechts nach links gelesen wird, einen versteckten Hinweis auf seine Beziehung zum Norden: Monsieur Du Nord. Doch welchen Norden hat de Chirico wohl damit gemeint? München, wo er als Jugendlicher die Kentauren, die Nereiden und die römischen Villen Böcklins entdeckte? Oder Thessalien, wo er zur Welt kam? Oder ist gar der Norden als Stimmung gemeint, der Nebel und die Gebirge? Und wenn das so wäre, im Verhältnis zu welchem Süden? Zu Rom und seiner fast erdrückenden geschichtlichen und künstlerischen Vergangenheit? Oder zu Athen, mit seinen Göttern und Tempeln auf der Akropolis? Wahrscheinlich treffen alle Vermutungen zu. Der Norden ist nur ein Bild dafür, dass Monsieur Dudron ein Geheimnis mit sich trägt, das ihn seelisch und selbstverliebt leiden lässt.

Diesem Monsieur Dudron-Du Nord geht es darum, sein Leiden an der avantgardistischen Kunst und an einer oberflächlichen, jeglicher Tradition baren Gesellschaft selbst und ohne Hilfe von aussen zu überwinden. Zu diesem Zweck werden Prozesse in Gang gebracht, Verwandlungen, die von der dunklen Melancholie in die hellen Sphären auf der Akropolis führen. Die Melancholie darf als ein nordischer Zug des Monsieur Dudron betrachtet werden, jedenfalls scheint sie die Poesie in Deutschland[1] stärker als in andern europäischen Ländern geprägt zu haben. *Monsieur Dudron* handelt von der Verwandlung und der stufenweise Überwindung der «schwarzen» Melancholie nach dem Vorbild der Alchimisten[2].

Als literarisches Selbstporträt Giorgio de Chiricos ist *Monsieur Dudron* den zahlreichen Bildern, die er von sich gemalt hat, als ebenbürtig zur Seite zu stellen. Auch an ihnen lässt sich die Läuterung oder der Aufstieg vom dunklen und melancholischen Porträt über die verschiedenen Darstellungen als Philosoph und als Maler bis hinauf zum Hidalgo im Theaterkostüm verfolgen. Diese Porträts säumen die innere Wandlung, die sich in Monsieur Dudron vollzieht und die im Buch beschrieben ist. Dabei kommt de Chiricos Lust zum Ausdruck, in eine Rolle zu schlüpfen, aber auch die Lust, sich zu kostümieren. Nur in einem unterscheiden sich das literarische Selbstporträt und die Aufeinanderfolge der gemalten Selbstporträts: Die Bilderfolge endet in einem pompösen Auftritt als Kunstfigur vor einem gemaltem Bühnenhintergrund, während das literarische Porträt mit dem stillen Leben der Dinge und dem Schlaf des Genies endet.

Monsieur Dudron liefert eine Fülle von Hinweisen und Anhaltspunkten zur Erhellung der oft missverstandenen Haltungen und Ansichten von Giorgio de Chirico. Mit diesem Buch will der Altmeister der modernen italienischen Kunst das öffentliche Interesse von den «erfundenen», nicht mehr in der Tradition verwurzelten modernen Kunst und ihren intellektuellen oder pseudointellektuellen Interpretationen wegführen. Sein Interesse gilt dem Malen und immer wieder den Alten Meistern. Wichtig sind für ihn hauptsächlich die «intelligente» Hand, das Herz und die «Materie», aus der Kunst gemacht wird. Seinen Weg kann seiner Ansicht nach aber nur derjenige gehen, der wie er selbst kultiviert ist, Talent und Wissen besitzt und auch schon einmal einen Blick hinter die Kulissen der sichtbaren Welt geworfen hat.

Die spärliche Handlung des Buches spielt in Italien an den Stätten, wo de Chirico seine Visionen von einsamen Plätzen, von Pärken und von Monumenten gehabt, wo er gewohnt und seine Spaziergänge unternommen hat. Die Landschaften werden in der Vorstellung typisiert oder idealisiert, die Städte Florenz und Bologna, Turin und Ferrara, zu einer einzigen italienischen Stadt verdichtet. Mailand, Rom und Athen dagegen lassen sich aus dem Kontext heraus erkennen. Auch seine Landsleute sind nicht so gezeichnet, dass sie genauer identifiziert werden könnten: es sind entweder stilisierte, typische italienische Landleute, vom Leben Begünstigte und Betrogene, oder aber angeberische Künstler.

Das Buch beginnt mit einer Initiation, einer furchterregenden Autofahrt an den Lago di Como, zusammen mit seiner «Walküre» Isabella Far, in die Gegend des verehrten, grossen italienischen Schriftstellers Alessandro Manzoni. Dort wird er gezwungen, sich mit einer Gesellschaft an einen Tisch zu setzen, die ihm grundsätzlich zuwider ist. Hauptsächlich verachtetet er den Gastgeber, einen neureichen Patronenhülsenfabrikanten, der Künstler wie Schnecken züchtet. Zu guter Letzt muss er sich bei Regen und Sturm zurückfahren lassen, was bei ihm einige der stärksten Visionen des Buches auslöst. Erst jetzt kann er mit der Schilderung seiner inneren Erlebnisse und Verwandlungen beginnen.

Monsieur Dudron wurde, wie de Chiricos erstes Buch *Hebdomeros*, weitgehend auf Französisch geschrieben. De Chirico hatte auch immer ein sehr enges Verhältnis zu Paris, der Stadt, die ihn bekannt und berühmt gemacht hat. Lange bevor er sich dort niederliess, hat er es zu seiner Wahlheimat erkoren. In Rom galt er als ein «Italiener in Paris». Paris bot ihm mehr als nur eine Plattform und eine Sprache. Es war eine Zuflucht im Lager derjenigen, die genug hatten vom Leerlauf der Avantgarden, die sich davon distanzierten und sich eine auf der griechisch-römischen Kultur aufbauende, europäische Kultur zum Vorbild für ihre persönliche Mythologie machten. Der berühmteste Exponent dieser Richtung war der Dichter, Schriftsteller, Filmemacher und Künstler Jean Cocteau. Er stand, wie de Chirico nach seiner ersten metaphysischen Periode, mit vielen Künstlern seiner Zeit und ganz besonders mit den Surrealisten auf Kriegsfuss.

Jean Cocteau verehrte Giorgio de Chirico. Er hat das Gedicht *Mythologie*[3] zu de Chiricos zehn Lithographien *Bagni misteriosi*[4] geschrieben. Dieses Gedicht und de Chiricos Buch haben beide sogar einen Satz gemeinsam: das auf der Akropolis gefallene Wort «wir schliessen». Auch die eingezäunten Badehäuschen müssen beide fasziniert haben: als «Apparat», in dem ein anständig gekleideter Bürger wie *Monsieur Dudron* sich in einen Gott verwandeln kann. Er betritt es korrekt gekleidet, um dann unten in dem wie Parkett gemusterten Wasser nackt wie ein griechischer Gott wieder hervorzukommen. Hier mischt er sich unter die von ihren Sockeln gestiegenen Götter und mythologischen Figuren.

Das Porträt beschreibt, ähnlich wie Nietzsche in *Ecce Homo. Wie man wird, was man ist*, welche Umstände und Visionen am Ursprung seines Werk gestanden haben. Angesichts der philosophischen Interessen de Chiricos kann *Monsieur Dudron* nicht nur Traumwelt, Melancholie und europäische Kultur bedeuten, sondern auch eine Methode, mit der sich ein Künstler innerhalb einer orientierungslosen Welt zurechtfinden kann. Cocteau hat in seinem *Essai de critique indirecte*[5] als Dichter sich selber und de Chirico einen Platz in der Kunst eingeräumt, den ihnen die Kritiker nicht immer zugestehen wollten. Dazu musste er andere als ästhetische Massstäbe beiziehen: «Chirico beschäftigt mich vom ethischen Standpunkt aus. Er beweist mir die Existenz einer seelischen Wahrheit (...)» schreibt er in «Das weltliche Geheimnis».[6]

Monsieur Dudron ist ein verwirrendes Buch. Im Laufe der Erzählung wünschte man sich Erläuterungen, Ergänzungen, Erklärungen. Doch *Monsieur Dudron* bleibt, wie ein Bild de Chiricos, voller Rätsel und geheimnisvoll.

Philologisch ist die interessante Entstehungsgeschichte von *Monsieur Dudron* geklärt, wie Paolo Picozza in seinem Beitrag zu dieser Ausgabe ausführt. Dem Dudron-Text beigefügt wurden speziell für diese Ausgabe geschriebene Texte zweier zeitgenössischer Künstler: des Sachsen Georg Baselitz und des Friaulers Luciano Fabro. Damit wird die Nord-Süd-Perspektive de Chiricos bis in unsere Zeit weitergezogen. Jole de Sanna geht den ethischen Wurzeln de Chiricos nach, findet sie bei Nietzsche und über Nietzsche bei Platon. Sie analysiert die Rolle, welche die altgriechischen Werte Weisheit und Stärke für de Chirico spielen. Johannes Gachnang verweist in seinem Beitrag auf die theatralische Seite von de Chirico. Dass er *Monsieur Dudron* auf Deutsch herausgibt, steht ganz im Zeichen seiner Lebenshaltung, seiner Tätigkeit als Initiant von Ausstellungen und seines Credo, dass es europäische Kunst nur im ständigen Austausch zwischen Süden und Norden, Osten und Westen geben kann.

1 *Komm, heilige Melancholie, eine Anthologie deutscher Melancholie-Gedichte*, herausgegeben von Ludwig Völker, Philipp Reclam jun. Stuttgart, 1983.

2 Maurizio Calvesi und Mino Gabriele, *Arte e alchemia*, Giunti ART Dossier, Firenze 1998.

3 Jean Cocteau, *Œuvres poétiques complètes*, Bibliothèque de la Pléiade, Gallimard, Paris 1999, p. 597.

4 idem, *Notice* von David Gullentops, p. 1710.

5 Jean Cocteau, *Essai de critique indirecte, Le mystère laïc – Des beaux-arts considérés comme un assassinat*, Editions Bernard Grasset, Paris, 1932.

6 Jean Cocteau, *Das Berufsgeheimnis, Kritische Poesie I*, Werkausgabe in zwölf Bänden, Fischer Taschenbuchverlag, Frankfurt am Main, 1988. S. 181.

Giorgio de Chirico
Monsieur Dudron

Es war ein milder Oktobernachmittag und Monsieur Dudron hielt, tief in einen Klappsessel gesunken, in seinem Atelier Mittagsruhe. Wie so oft, wenn er nicht arbeitete, schweiften seine Gedanken hinüber zur Malerei. *«Die Maler»*, sagte er sich, *«betreiben schon lange keine Malerei mehr:* sie tragen einfach Farbe zum Trocknen auf die Leinwand auf. Doch schöne Malerei ist niemals nur eingetrocknete Farbe, sondern *schöne farbige Materie.* Das hat mir Isabella Far einmal in einem Museum vor einem Bild von Velazquez gesagt. Ihr philosophischer Geist und ihre aussergewöhnliche Intuition machen es ihr möglich, zum Problem der Malerei vorzudringen und Dingen auf den Grund zu gehen, die seit bald einem ganzen Jahrhundert vergessen sind. Ich verstehe sehr gut, dass dies nicht zu begreifen ist. Vor einer Ewigkeit bereits, sicher schon bald drei Viertel eines Jahrhunderts, haben die Maler den Ariadnefaden verloren. Könnte es meine und Isabella Fars Aufgabe sein, diesen wiederzufinden und ihn unseren Zeitgenossen zu offerieren, die über ihren Paletten gähnen, dass ihnen der Kiefer fast herunterfällt und sie, um den Schein zu wahren, eine prätentiöse und skeptische Attitüde an den Tag legen, die im Grunde genommen nichts anderes ist als der Ausdruck von Unzufriedenheit und Gereiztheit? Im übrigen»*, überlegte Monsieur Dudron weiter, *«haben die Maler allen Grund, unzufrieden und gereizt zu sein, denn das Arbeiten bereitet ihnen keine Freude mehr.*

Sie spüren alle, gewiss sehr konfus, aber dennoch fühlen sie, dass es so nicht geht und so nicht weitergehen kann. Einige stürzen sich aus lauter Verzweiflung in die Niederungen der sogenannten Erfindung oder einer vermeintlichen Spiritualität. Oder sie versuchen, sich und auch die andern vom Problem abzulenken, indem sie von Inspiration und Lyrismus, von Merkwürdigkeiten und Mysterium, ja, *vor allem von Mysterium* reden, doch sind das alles bloss kleine Ausflüchte, die – auch wenn diese Umwege manchmal in der Praxis zu allerhand Ergebnissen führen – ihr Gewissen nur bis zu einem bestimmten Punkt beruhigen können. Im Grunde sehnen sie sich alle zuinnerst nach dem verlorenen Paradies de la belle, *de la très belle peinture.*»

So weit war er in Gedanken gekommen, als ihn Motorengeknatter aus dem Sessel riss und ans Fenster lockte. Er sah, wie vor der Türe seines Hauses ein tolles Auto anhielt, so lang und schön wie ein terrestrischer Torpedo. Diesem entstieg eine ihm bekannte Dame. Es war eine Frau mit feurig leuchtendem Haar, streng, elegant und zugleich sportlich gekleidet, was ihr das Aussehen einer Athene oder einer modernen Walküre gab, wenn auch vielleicht einer Walküre ähnlicher als einer Athene.

Sie stürmte wie ein Wirbelwind bei Monsieur Dudron herein und begann, ohne sich zu setzen oder auch nur guten Tag zu sagen, sogleich schnell und ausser Atem Worte herauszupressen, und dabei ständig im Zimmer auf und ab zu gehen: «Machen Sie sich bereit, Maestro», sagte sie, «auf heute Abend punkt sieben; ich werde mit dem Wagen vorbeikommen und Sie abholen.» Weiter fortfahrend erklärte sie, sie hätte sich mit Freunden etwa fünfzig Kilometer von hier in einem Wirtshaus verabredet, das auf einem kleinen Hügel über einem Städtchen am See liegt. In der Nähe habe ein auf die Herstellung von Patronenhülsen für Jagdgewehre spezialisierter, steinreicher Unternehmer eine Schneckenzucht angelegt, *un élevage d'escargots.* Es ginge darum, dorthin zu fahren, im Wirtshaus Schnecken zu essen und hernach die berühmten Aufzuchtfelder, die *champs d'élevage*, zu besichtigen. «Es soll dort, Maestro», sagte sie zu Monsieur Dudron, der ihr mit wohlwollender und dabei resignierter Miene sein Ohr lieh, «riesige Felder mit allerhand Kohl und Salat geben. Dazu Pfirsichbäume, viele Pfirsichbäume, weil Schnecken gierig auf Pfirsiche sind. Unter diesen Pfirsichbäumen und auf den Feldern leben die Schnecken zu Tausenden und Abertausenden, ja zu Millionen beisammen. Wenn ein überreifer Pfirsich vom Baum fällt, richten sich ihre mit Augen versehenen Antennen auf die gefallene Frucht, wie eine Truppe ihre Kanonenrohre auf die Befestigungsanlage einer feindlichen Küste. Langsam aber sicher machen sie sich zum Angriff bereit. Mit ihren Saugnäpfen haften sie unerbittlich am unglücklichen Pfirsich, von dem innerhalb weniger Augenblicke nur noch der Stein übrig bleibt, so trocken, als wäre er eine Woche lang der Wüstensonne ausgesetzt gewesen. Darauf kriechen die gefrässigen Mollusken gesättigt und noch langsamer als zuvor wieder davon und hinterlassen bekanntlich nichts als eine Schleimspur. Bevor sie gegessen werden, müssen die Schnecken abführen, also entleert werden, wobei man sie fünf bis acht Tage lang ohne Nahrung lässt.» Diese drastischen Schilderungen machten Monsieur Dudron nicht gerade Mut, Schnecken zu essen, um so weniger, als er Mollusken im Allgemeinen und Schnecken im Besonderen verabscheute.

Er hatte eine angeborene Aversion gegen alles, was weich ist und ohne innere Festigkeit. Das war einer der Gründe, warum er für die Malerei seiner Zeitgenossen nichts übrig hatte. Allerdings wäre es falsch, daraus abzuleiten, dass er deshalb Hartes lieber gemocht hätte. Er hatte gar keine Sympathie für Stoffe wie Eisen oder Stahl. Ebenso wenig liebte er in der Malerei, was hart und steif ist. Er mochte weder die Primitiven, noch Maler wie Mantegna oder Botticelli. Bei Dürer machte er eine Ausnahme. «*Dürer n'est pas dur*», pflegte er schmunzelnd zu sagen, «auch wenn ihn Vasari in seinen *Vite* den Harten, *le dur*, nennt.» Ein ideales Material hatte für Monsieur Dudron weich und geschmeidig, aber zugleich zäh und fest zu sein; seine Lieblingsmaler waren deshalb Tintoretto, Velazquez und Rubens. Das hätte er gern der Dame erzählt, die ihm die Aufzucht von Schnecken ans Herz legen wollte, doch – sei es, dass er befürchtete, sie verstünde kein Wort von dem, was er ihr sagen wollte und glauben könnte, er unterliege Anfällen von Geistesgestörtheit, sei es, dass es ihm seine angeborene Höflichkeit untersagte, seiner Gesprächspartnerin zu widersprechen – schliesslich nahm er den Vorschlag begeistert an, abends Schnecken essen zu gehen.

Das ihm jetzt schon vertraute Motorengeknatter vom Nachmittag gab ihm zu verstehen, dass die Stunde des Aufbruchs geschlagen hatte. Er stieg die Treppe hinunter und setzte sich neben die moderne Walküre. Diese beschleunigte den Wagen in nullkommanichts auf eine rasende Geschwindigkeit, fuhr aber so sicher und überlegen, dass sich das Gefährt völlig zu verwandeln schien. Es war kein aus Metall und Holz konstruiertes Automobil mehr, sondern ein ausserordentlich elastisches Ding. Je nach Bedürfnis dehnte es sich aus oder zog sich zusammen, fuhr, diese mit seinen metallenen Flanken streifend, wie eine riesige Teigwarenröhre zwischen zwei Hindernisse, und mit den Bewegungen einer gigantischen, hart gepanzerten Raupe, wieder heraus, um dann gleich wieder zwei andere zu passieren, die noch enger beisammen standen als die beiden ersten. Zu dieser Stunde fuhren zahlreiche Landarbeiter nach getaner Arbeit mit dem Fahrrad nach Hause. Geduldig radelten sie zurück an ihre häuslichen Herde, dabei die ganze Strasse einnehmend.

Sie traten unermüdlich in die Pedale, um ihr Zuhause zu erreichen, wo sie ihre Frauen, Kinder und Eltern erwarteten, und auch alle andern, die sie über alles liebten, obwohl es auch viel Streit und Missverständnisse untereinander gab, und einige ihnen missgesonnen waren. Sonntags verliessen sie das Haus manchmal, um sich zu zerstreuen und einige Stunden Freiheit zu geniessen. Sie suchten das nächste Wirtshaus auf, und trafen dort Freunde oder Arbeitskollegen, mit denen sie manche Flasche Wein oder Most leerten, viel Bier tranken und Karten oder Billard spielten. Bei schönem Wetter trafen sie sich hinter dem Wirtshaus auf einer eingezäunten und von Sonnenblumen gesäumten Bahn zum Boccia.

Obwohl die Strasse von allerhand Fahrzeugen verstopft war, glitt die moderne Walküre, was Monsieur Dudron höchst erstaunte und verblüffte, mit einer Sicherheit und Kühnheit ohnegleichen so zwischen dem einen und andern Radfahrer hindurch, dass der Wagen zu einem Aal zu werden schien. Sie steuerte ihn an einem Karren und einem Fussgänger oder zwischen zwei Fussgängern vorbei, dass es eine helle Freude war, ihr zuzusehen. Nachdem sie die Vororte hinter sich gelassen hatten, bog der Wagen in die grosse Autostrasse ein, die querfeldein führte. Inzwischen hatte sich Dämmerung über das Land gesenkt. Über den Hügeln, denen sie näherkamen, zogen sich im Norden schwere Sturmwolken zusammen. Bläuliche Blitze liessen die schwarzen Berggrate klar hervortreten, von denen einer besonders charakteristisch hervorstach, weil seine Zinnen dem mit riesigen Zähnen gespickten Kiefer eines erlegten Drachens glichen und deswegen *Grosse Säge* genannt wurde. Kaum war die Strasse frei, schaltete die Chauffeuse in einen höheren Gang. Monsieur Dudron begann es übel zu werden. Mit bangem Blick folgte er dem Zeiger auf der Skala des Tachometers: 65, 70, 75, 80, 105, 115, 120, 125, 130... sie fuhren mit hundertdreissig Kilometern in der Stunde, weit von der Stadt entfernt und dazu mitten in der Nacht, während das Gewitter sich schnell über den Hügeln, die sie ansteuerten, zusammenbraute. Schon fielen die ersten Regentropfen, welche die Strasse in eine Rutschbahn verwandelten.

Monsieur Dudron hatte Angst. Ringsum war es Nacht und im Wageninnern stockdunkel. Einzig vor der Lenkerin leuchtete ein Zifferblatt in einem bläulichen, kalten, fahlen, unheimlichen Mondlicht, das an Spitäler erinnerte, in denen schwerkranke oder frisch operierte Patienten in ihren Betten dösen; oder an Laboratorien der Zukunft, in denen geniale Wissenschaftler mit Wasserköpfen geheimnisvolle und höllische Erfindungen perfektionieren. Von den Scheiben drang ständiges Rauschen der am Wagen abprallenden Luft. Dieser glitt immer schneller dahin. Sie rasten durch ein Städtchen, das schon halb im Schlaf lag. Im Zwielicht sichtete Monsieur Dudron hinten in einem Park gerade noch das Denkmal, das die Bürger zur Erinnerung an jenen Monarchen errichtet hatten, der einige Jahrzehnte zuvor ganz in der Nähe gefallen war, vom Dolch seines Mörders tödlich getroffen. Diese plötzliche Eingebung brachte Monsieur Dudron auf längst vergangene Zeiten seiner Kindheit. So wie sich das Sujet eines Bühnenbildes im Theater beim Aufdrehen des Lichts immer deutlicher abzeichnet, so wurden die Bilder in seinem Gedächtnis zunehmend klarer.

Er sah sich selber im elterlichen Haus. Auch damals hatte es eine Sturmnacht gegeben. Sein Vater war mit einer Zeitung heimgekehrt, auf der in grossen Lettern die Ermordung des Königs gemeldet wurde. Monsieur Dudron erinnerte sich an sein besorgtes und trauriges Gesicht. An den Wänden der Wohnung hingen in schwarzen geschnitzten Rahmen zwei grosse Porträts des Königs und der Königin inmitten von Photographien verschiedener Lokomotivtypen. Monsieur Dudrons Vater sass an seinem Arbeitstisch, auf den man die Petrollampe mit dem konischen Lampenschirm aus Glas gestellt hatte, das so grün war wie ein Billardtisch. Monsieur Dudron erinnerte sich, dass er, während sein Vater sprach, auf der Kante eines Diwans sass und die Photographie des Königs anschaute, die sich im Schatten verlor und anfing, in die dunkle Nacht des Vergessens zu entgleiten und darin unterzugehen. Von draussen war das schauerliche Heulen des Sturms zu hören, der von den nahen Bergen heranbrauste. Im Garten schlugen die vom Wind gepeitschten Äste der Eukalyptusbäume gegen die Fensterläden.

Monsieur Dudron kehrte auf den Boden der Wirklichkeit zurück. Im grellen Licht eines Blitzes waren ein Hügel, ein See und ein Städtchen zu erkennen. Seine Stimmung heiterte sich auf beim

Gedanken, dass das Ende der wahnsinnigen Fahrt näher rückte und somit auch seine Ängste aufhöhren konnten. Nachdem der Wagen die Stadt am See durchquert hatte, ging es nun hügelaufwärts. Monsieur Dudron hatte sich beruhigt. Die Frau am Steuer machte ihn auf eine von einem Garten umgebene Villa aufmerksam. In diesem Landhaus hatte einst ein berühmter Schriftsteller gelebt und gearbeitet, dessen Denkmal vom Platz des Städtchens zum See hinüber blickte. Im Arbeitszimmer des Schriftstellers war alles so belassen worden: der Tisch, an dem er gearbeitet hatte, das Tintenfass und seine Feder, sein Sessel, seine Bibliothek, ja sogar der unbedeutendste Kleinkram, der sich zum Zeitpunkt seines Todes dort befunden hatte. Er war über seinem letzten Buch gestorben, das unvollendet geblieben ist. An einem schönen Frühlingsmorgen hatte ihn seine Wirtschafterin vorgefunden, den Kopf auf dem Tisch, als schliefe er. Draussen zwitscherten die Vögel und blühende Bäume verströmten ihren Duft. In der Gegend hiess es, die alte Wirtschafterin habe nach dem Tod des Schriftstellers den Nachbarn erzählt, sie habe am Abend zuvor ihren Meister im Traum genau so gesehen, wie sie ihn dann später antraf, in einem Sessel schlafend und mit dem Kopf auf dem Tisch. Es hiess ausserdem, am Tag seines Todes sei aus einem kleinen Kamin leuchtend weisser Rauch hochgestiegen und im Blau des Himmels verschwunden, obwohl im Haus kein Feuer entzündet worden war. Die Nachbarn glaubten, es sei die Seele des Schriftstellers gewesen, die gen Himmel schwebte.

Hangaufwärts verlangsamte sich der Wagen merklich. Das stimmte Monsieur Dudron optimistischer. Schliesslich hielten sie vor einem Haus, das in der Dunkelheit weiss schimmerte. Im Zwischengeschoss waren einige Fenster hell erleuchtet. Monsieur Dudron bemerkte sofort, dass das ein Wirtshaus war, an das sich ein Lebensmittelladen mit Metzgerei anschloss; er hatte das Gefühl, es gäbe auch eine Gelegenheit, über Nacht da zu bleiben. Dieser Eindruck wurde ihm zur Beruhigung von seinem Unterbewusstsein eingegeben. Tatsächlich deutete nichts darauf hin, dass in diesem Haus Zimmer vermietet würden. Doch Monsieur Dudron vertraute seinem ersten Eindruck und stellte sich vor, dass er, wollte er nach Hause zurückfahren, wieder im Wagen Platz nehmen müsste, dabei von einem plötzlichen Schwächeanfall übermannt werden könne, dem eine von Angst ausgelöste Kolik folgen würde; dass er dann wieder von der Furcht und den Emotionen heimgesucht werden könnte, die ihn schon einmal ganz durcheinandergebracht hatten. Hier könnte er zwar allenfalls ein Zimmer bekommen, das höchstwahrscheinlich nicht alle wünschenswerten Annehmlichkeiten aufweisen würde, aber er hätte sich ja doppelt einschliessen können. Da wäre zumindest ein Bett gewesen, vielleicht kein sehr gutes, auf dem er sich aber doch hätte ausstrecken und ausruhen können.

Sie traten durch die Lebensmittelhandlung ein. Monsieur Dudron stach sofort der unangenehme Gestank von Waschlauge in die Nase, in den sich der Geruch von ranzigem Schweinefett mischte. Der Geruch der Seife erinnerte ihn daran, dass er zu Hause kein einziges Stück mehr hatte, und er kaufte für einen Pappenstiel eine Toilettenseife. Er entschied sich für eine mit Kölnischwasser parfümierte. Trotz des bescheidenen Preises und der Geringfügigkeit des Gekauften bediente ihn der Verkäufer äusserst zuvorkommend, wickelte die Seife sorgfältig in farbiges Papier ein, schlang ein Band darum und überreichte sie Monsieur Dudron mit solcher Ergebenheit und respektvoller Höflichkeit, dass sogleich riesige Scham in ihm aufstieg und er grosses Mitleid und sogar eine gewisse Zärtlichkeit für den Verkäufer empfand. Er hätte ihn umarmen und mit ihm weinen können. Er hätte sich gewünscht, den bescheidenen Laden in ein geräumiges und luxuriöses Geschäft verwandeln zu können, in dem er für viel Geld funkelnde und wertvolle Geschenke gekauft hätte. Das war leider nicht möglich. Es war ein Traum, und Monsieur Dudron unterliess es, sich auf etwas zu fixieren, das unmöglich zu verwirklichen ist.

Er betrat den Speisesaal des Wirtshauses nebenan, wo ein grosser rechteckiger Tisch schon mit einem weissen Tischtuch, mit Gläsern und Servietten, Messern und Gabeln gedeckt war. Nicht weit vom grossen Tisch entfernt stand, wie ein Füllen neben der Stute, ein kleiner Tisch mit verschieden grossen Flaschen. Es gab da auch Zweiliterflaschen, welche Wein aus der Region enthielten, die wegen ihrer Grösse die andern überragten, so wie Achill, der Sohn des Peleus, und Ajax, der Sohn des Telemach, die anderen griechischen Helden überragten. Dieser ermutigende Anblick tat Monsieur Dudron gut. Er fühlte trotz allem wieder Optimismus aufkeimen und in ihm regte sich ein neues Sicherheitsgefühl, eine Art stille Freude. Allein, da uns das Schicksal niemals reines, von jeglicher Bitternis freies Glück zugedacht hat, fiel Monsieur Dudron, in dem Moment, da er sich zu Tisch setzen wollte, plötzlich auf, dass sie dreizehn Personen waren. Dreizehn am Tisch, und ein aufziehendes Gewitter. Das war der Gipfel. Kaum abgesessen, erhob sich Monsieur Dudron energisch und mit grimmigem Blick wieder. Nein und noch mal nein, hundert und tausend mal nein, nie würde er sich unter solch düsteren Vorzeichen an den Tisch setzen. Da weigerte er sich kategorisch. Er hätte die fünfzig Kilometer, die ihn von zu Hause trennten, noch lieber zu Fuss zurückgelegt, allein in tiefer Nacht, auf verlassenen und windgepeitschten Strassen; allein unter der Drohung des unmittelbar bevorstehenden Sturmes, allein... Doch schon schnürte ihm das schlechte Gewissen die Kehle zu. Am anderen Tischende erblickte er die erstaunten und besorgten Gesichter des Industriellen und Schneckenzüchters sowie das der Dame, die ihn im Wagen hergefahren hatte. Bei diesem Anblick begann er zu zögern. Er war im Begriff, sich wieder zu setzen, als ein Diener erschien, der mit psychologischem Geschick und wie vom Schicksal gerufen die Situation rettete, indem er einen zweiten, kleineren Tisch brachte, der in Windeseile gedeckt wurde, und an dem neben Monsieur Dudron zwei weitere Gäste mit viel Feingefühl Platz nahmen, damit er nicht lächerlich aussehe, so wie jemand, den man zur Strafe da hingesetzt hat.

 Das Essen war homerisch und üppig. Wer Schnecken ass, bekam eine Art kleine Zange, die ihn an ein winziges Hebammen-Instrument erinnerte. Diese Zangen machten auf Monsieur Dudron einen ekelerregenden Eindruck. Stärker als je zuvor fühlte er in sich Zweifel an der Intelligenz und Sensibilität der Menschen im Allgemeinen und seiner Zeitgenossen im Besonderen aufsteigen. Er rührte die Schnecken nicht an, trotz aller Ermutigungen seitens der anderen Gäste, die nicht nur den ganz besonderen Geschmack dieser Mollusken rühmten, sondern auch von ihren wertvollen heiltherapeutischen Eigenschaften berichteten, vor allem bezogen auf Erkrankungen der Atemwege. In das Gespräch mischten sich die Diener ein, die am Tisch servierten, und einer von ihnen erzählte, wie ein brustkrankes Mädchen aus der Gegend, nachdem es vergeblich alle Heilmittel versucht hatte, während zwei Monaten nichts anderes ass als mit gehackten Zwiebeln gefüllte Schnecken und hernach völlig kuriert war. Aber Monsieur Dudron liess sich nicht umstimmen. Nach Schinken und Ölsardinen als Vorspeise nahm er einen gebratenen Hühnerschenkel, liess sich einen Teller Butterspinat dazu servieren und zum Nachtisch ein reichlich mit Erdbeerkonfitüre gefülltes, ungesalzenes Omelett. Das Ganze begoss er mit einem Glas Landwein. Nachdem er fertig gegessen hatte, zog er aus der Hosentasche Tabakbeutel, Streichhölzer und Pfeife, stopfte diese sorgfältig und zündete sie an. Er schickte sich an, seine Mahlzeit ruhig zu verdauen und genoss schon im voraus seine wohlverdiente Ruhe. Aber er hatte nicht mit dem Willen und der so unermüdlichen wie sinnlosen Aktivität der andern gerechnet. Die Gäste hatten sich alle schon erhoben, bereit, ins Freie zu gehen, der Industrielle voran, um die berühmten Zuchtfelder zu besichtigen. Es blieb ihm nichts anderes übrig, als sich zu fügen. Monsieur Dudron klopfte seine Pfeife in einem Aschenbecher wieder aus und steckte sie zusammen mit Tabakbeutel und den Streichhölzern in seine Tasche zurück, knöpfte seine Jacke zu und versuchte, gute Miene zum bösen Spiel zu machen, indem er den übrigen Gästen folgte. Draussen war es so dunkel wie in einer Kuh. Blitze durchfurchten den Himmel und rissen bläulich leuchtende Löcher und Sprünge auf. Sich bei der Hand haltend kamen die Gäste nur mühsam voran, sie sanken mit den Füssen im weichen Boden ein und stolperten über Steine und Wurzeln wie die Blinden auf dem berühmten Breughel-Bild. Das Gewitter grollte drohend heran. Schon fielen schwere, lauwarme Regentropfen und prallten mit dumpfem Ton auf die Erde und Blätter nieder. Windböen jagten vorüber. Monsieur Dudron hob den Kopf, schaute zu den Wolken auf, die ein drückendes und düsteres Gewölbe bildeten. Er sah Äolus und Boreas Seite an Seite, wie Figuren Michelangelos sich um die Taille haltend, vorübersausen; sie blähten ihre Backen wie Brunnenmaskarone und stiessen Sturm blasend ihre ewig ungestillte Wut auf die Erde und die Menschen hinunter.

«Wir sind da!», schrie jemand plötzlich am Kopf der Raupe aus Menschen. Endlich war man beim berühmten Zuchtfeld angekommen. Es kam Bewegung in die Gästeschar. Einige riefen nach elektrischen Taschenlampen, andere begnügten sich damit, Zündhölzer anzustreichen, deren Flamme gleich wieder erlosch. Taschenlampen hatte niemand.

– «Hier ist eine!», rief ein Gast, der eine Schnecke glaubte gesehen zu haben.

– «Hier sind zwei», tönte ein anderer.

Monsieur Dudron gelang es trotz aller löblichen Anstrengungen nicht, auch nur eine einzige Schnecke zu sichten.

Inzwischen hatte es angefangen, richtig zu regnen. Man blies zum Rückzug. Die Menschenkette war auseinandergebrochen und ein jeder versuchte, so schnell wie möglich das Wirtshaus zu erreichen. Bald wateten sie durch Wasserlachen. Es war schlimmer als ein Rückzug, es war eine Katastrophe. Monsieur Dudron kam in der Nähe des Wagens unversehens neben die Walküre zu stehen. Die Dame setzte sich ans Steuer. Im Wagen versuchte Monsieur Dudron es sich mehr schlecht als recht bequem zu machen, und bald brausten sie davon. Die Schleusen des Himmels hatten sich geöffnet, der Wind nachgelassen. Lange, glänzende und vollkommen senkrechte Bindfäden verbanden den Himmel mit der Erde. Der Regen fiel ohne Unterlass. Die Erde schien zu brodeln. Als sie wieder durch das Städtchen am See fuhren, hatten sich die Strassen in reissende Bäche verwandelt. Die Räder des Wagens versanken bis zur Hälfte im Wasser. Nirgendwo ein Passant. Die Dame am Steuer hatte die Orientierung verloren, wusste nicht, welche Strasse nehmen. Sie hielt vor einem Haus mit dicht verschlossenen Fensterläden an, schlug vergeblich an die Tür und gab sich wie ein Tiroler Jäger durch laute Rufe zu erkennen, ähnlich einem fahrenden Ritter, der in einer Gewitternacht vor einem Schloss mit hochgezogener Zugbrücke um Gastfreundschaft bittet. Niemand antwortete. Es war nur das ständige Grollen des Gewitters und das Rauschen des Wassers zu hören, das von überall tropfte. Wieder war Monsieur Dudron angst und bange. Er dachte an Katastrophen. Er erinnerte sich wieder an die Bilder von schrecklichen Unwettern und verheerenden Überschwemmungen in Kalifornien oder China, von denen er einst eindrückliche Szenen in illustrierten Zeitschriften gesehen hatte. Er stellte sich vor, wie die Stadt von den Wassern fortgerissen und vom See verschluckt wird; wie Vierbeiner, Rinder und Pferde, gegen die Strömung kämpfen; wie zerzauste Frauen im Unterhemd mit einem Arm ihr Kind an sich drücken und sich mit dem andern an einem Fensterladen oder einem Balkon von Häusern festhalten, die bereits bis zur Hälfte im Wasser stehen; und wie halbnackte Männer auf den Dächern den Unglücklichen, die mit den Fluten kämpfen, Stangen hinhalten und Seile zuwerfen. Dann sah er vor sich, wie der See über die Ufer trat, sich in die Ebene ergoss und die Fluten in der anderen, weiter

unten gelegenen Stadt sein eigenes Haus erreichten, wo er seine Gemälde, Bücher und persönlichen Andenken wie seinen Augapfel hütete. Alles Dinge, die er liebte, und ohne die er nicht hätte leben können. Alles in allem ein echter Horror!

Plötzlich stiess die Dame einen Freudenschrei aus. Sie hatte einen Wegweiser entdeckt. Erst musste man links, dann rechts und wieder links abbiegen, und dann würden sie auf der Hauptstrasse sein. Es ging immer schneller zum Städtchen hinaus. Monsieur Dudron stellte zufrieden fest, dass der Regen nachliess, je mehr sie sich vom See und den Bergen entfernten. Nach einigen Kilometern schien der Regen aufgehört zu haben. Er blickte hinaus, hinauf zum Himmelszelt und sah die Sterne leuchten. «Wahrscheinlich sind es die Berge, und besonders die *Grosse Säge*, höher als alle andern Berge, welche die Gewitter zusammenbrauen», dachte Monsieur Dudron. Nun fühlte er sich ganz ruhig. Trotz der hohen Geschwindigkeit des Wagens schien ihm alles sicher und ruhig, und so fiel ihm ein, über die Relativität der Dinge nachzudenken. Sie fuhren wieder durch das Städtchen mit dem Monument zur Erinnerung an die Ermordung des Königs. Aber diesmal waren es ganz andere Sachen, die bei ihm starke, tiefe und fremdartige Emotionen hervorriefen. Sie überquerten einen Platz, um den rings die Arkaden der Häuser liefen, deren Fensterläden alle geschlossen waren. Die Scheinwerfer strahlten ein Brunnenbecken kurz und heftig an, in dessen Mitte ein sprudelnder Wasserstrahl hoch aufschoss, der sich als grosser weisser Fleck im Dunkeln heraushob. Der Anblick dieses Brunnens, der mitten auf dem verlassenen Platz in diesem dem Schlaf anheimgegebenen Städtchen, eingetaucht in Dunkelheit, Finsternis und Einsamkeit, ununterbrochen sprudelte, seine Wasserfontänen ausgiebig in die Luft schleuderte und seinen Gesang in die tiefe Nacht hinein verströmte, weckte in Monsieur Dudron seltsame und äusserst metaphysische Gefühle. Er empfand auf einmal ungemeines Mitleid mit dem Brunnen und so etwas wie Scham, forteilen und ihn erneut dem Schweigen, der Einsamkeit und der undurchdringlichen Dunkelheit überlassen zu müssen. Hier hätten sie den Wagen sofort anhalten, an die Türen klopfen, alle Leute aus dem Schlaf reissen und veranlassen sollen, dass die Glocken geläutet, Fackeln herbeigeschafft, alle Lichter angezündet, unter den Arkaden Lampions aufgehängt sowie Fenster und Balkone mit Teppichen und Girlanden behängt werden;

dass Kränze gewunden und Musiker mit ihren Instrumenten herbeigeholt werden, um zu tanzen anzufangen, dass Weinfässer angestochen werden und sich der Platz mit fröhlichen Leuten füllt; kurz, dass etwas unternommen werde, damit der arme Brunnen nicht mehr einsam vor sich hin sprudle und singe in der grossen Wüste und in der Stille der Nacht. Aber der Wagen fuhr schnell vorbei und Monsieur Dudron sah verwundeten Herzens den Brunnen in das Dunkel der Nacht zurücksinken und verschwinden. Schon bald würden sie ankommen.

Zufrieden, wieder zu Hause zu sein, verabschiedete sich Monsieur Dudron von der Dame, bedankte sich und betrat wieder das Haus. Obwohl er sehr müde war, hatte er kein Bedürfnis nach Schlaf. Er öffnete das Fenster und lehnte sich gegen die Brüstung. Er blickte hinauf in die grosse Nacht. Unzählige Sterne funkelten in der Tiefe eines Himmels, so schwarz wie Tinte. Einige fügten sich zu Haufen, andere zu Ketten und wiederum andere leuchteten für sich allein, von den übrigen deutlich getrennt. Monsieur Dudron dachte an die Vergeblichkeit der Opfer, die er gebracht, an die Schulden, die er nicht bezahlt hat und an seine kompromittierende Situation. Doch statt sich pessimistischen Gedanken über das Schicksal und die Menschen zu überlassen, erinnerte er sich an die Zeit, als ihm zum ersten Mal die Idee gekommen war, *nicht nur seine, sondern die ganze Malerei zu erneuern*. Gigantischer, mit allerliebsten Erinnerungen verbundener Stolz stieg in ihm auf. Er sah die Entstehungsorte seiner ersten Arbeiten wieder vor sich, gemalt in der neuen Manier. Ja, er sah sie wieder, diese Orte. Das Tal dehnte sich unter dem weichen Licht der Septembersonne in die Tiefe aus. Ganz hinten schlängelte ein Bach vor sich hin. Da und dort ragten rote Erdbrocken auf und in der Ferne fügten sich grössere Felsmassen über den Feldern mit reifem und vom Mohn rot getüpfeltem Korn zu einer Art überhängenden Klippe. Auf einem Hügel gegenüber waren die Vegetation so üppig und die Bäume so dicht, dass Häuser und einzelne kleine Villen dahinter beinahe verschwanden. Rechts davon sahen die Gebäude eines Gutshofes aus, als seien sie auf einen Bühnenhintergrund gemalt. Ziegeldächer deuteten auf eine Fabrik hin. Das Schloss mit säulengeschmückter Fassade stand in der Mitte vor einem Wald und einer zum Ufer abfallenden Wiese, wo sich eine Reihe von Pappeln im Wasser spiegelte. «Erinnerungen», dachte Monsieur Dudron, und schaute, in seinen Phantastereien gefangen, weiter in die Sterne. Ein Streifen leuchtenden Staubes zog sich von Norden nach Süden und teilte sich über seinem Kopf. Zwischen diesem leichten Funkeln dehnten sich gewölbte Räume und das Firmament schien ein weites Meer von tiefstem Blau mit Archipelen, kleinen und grossen Inseln. Er erinnerte sich an etwas, das er vom Hörensagen kannte: Hinter der Milchstrasse gibt es die Nebel. Jenseits der Nebel gibt es Sterne und nochmals Sterne ohne Zahl, deren nächster dreihundert Billionen Myriameter von uns entfernt ist. Er richtete den Blick auf den Grossen Bären, den er immer geliebt hatte. Monsieur Dudron suchte den Polarstern und hernach Cassiopeia mit ihrem Sternbild, während er fortfuhr, Selbstgespräche zu führen. «Vielleicht», sagte er sich, «sollte ich mir eine Vergangenheit wachrufen, die offenbar keinen Platz mehr auf dieser Bühne meiner Erinnerung hat. Vielleicht sollte man ernsthaft versuchen, hinter die Schliche der wahren Schuldigen zu kommen, die Verbrechen begehen; man sollte sie überprüfen lassen, auch die Umgebung der Gesetzeshüter, und *jenes andere Ufer*, wo wir Belohnung für eine aufreibende, wenn nicht gar gefährliche Arbeit zu finden hoffen.»

Plötzlich fühlte Monsieur Dudron kalte Schauer über seinen Rücken laufen. «Eine Lungenentzündung», dachte er, die Angst im Nacken, und er sah sich, von der Krankheit überwältigt, darniederliegen, gepflegt von teilnahmslosen Mitmenschen. Er fürchtete sich. Er trat ins Zimmer zurück, schloss das Fenster und zog die Vorhänge zu. Er legte sich nieder. Um es wärmer zu haben, hatte er sich die Mühe gemacht, seine Kleider und auch seinen Überzieher über das Bett zu legen, dazu eine alte Decke mit Tintenflecken, die auf einem kleinen Tisch lag und auf welcher Stickereien von Hindu-Kriegern, die Fackeln schwangen und Elefanten vor sich her trieben, zu erkennen waren. Darüber kamen noch einige alte Zeitungen, die er unten in einer Schublade gefunden hatte. Er legte sich nieder und sofort spendete ihm die Bettwärme neuen Lebensmut. Er begann ein Bild zu betrachten, das sich auf einer Staffelei befand und von einer Kerze auf dem Nachttischchen schwach beleuchtet wurde. Er hatte es schon vor einigen Tagen fertig gemalt. Es stellte einen antiken Strand dar, still und von feierlicher Schönheit. Der Himmel, der sich im Meer spiegelte, war von einem Gelb, das ins Orange spielt. Der Horizont war mit einem flammend roten Strich gezogen. Am Himmel segelten, verstreut wie Schafe auf einer Weide, einige Wölkchen, deren Rundungen mit violetten Schatten modelliert waren. Oben auf einem das Meer überragenden Felsvorsprung stach ein Tempel als weisser Fleck heraus. Am Strand im Vordergrund stand eine Gruppe von Menschen zwischen einigen Fragmenten von zerschlagenen Säulen, deren Gegenwart von der Hinfälligkeit menschlicher Bauwerke zeugte. Ein jugendlicher Krieger hielt ein grosses weisses Pferd am Zügel, dessen viel zu langer Schweif wie eine verfestigte und gelockte Lawine den Boden streifte. Gegenüber, an einen Felsen gelehnt, war ein alter Athlet auszumachen, eine Art ruhender Herkules, der mit nachdenklicher Miene in die Weite des Meeres blickte.

«Das», dachte Monsieur Dudron, «gefällt den Intellektuellen und Päderasten, also den Leuten, die sich mit Kunst befassen, heute am besten. Für sie ist Malerei allein eine Frage der Bilder. In die Kunstgeschichte wird unsere Epoche ganz sicher als eine Epoche der Ignoranz derjenigen eingehen, die sich mit Malerei beschäftigen. Sie verstehen nicht, dass das Dargestellte nichts bedeutet, und dass dasjenige, was ein Gemälde vor der Vergessenheit bewahrt und ihm seinen unsterblichen Wert verleiht, seine *Qualität* ausmacht. Doch lassen wir diese quälenden Fragen auf sich beruhen, worüber allein die Zeit richten wird, und kehren wieder zur Metaphysik zurück. Nicht um einer bestimmten Kategorie von Zeitgenossen zu gefallen, sondern weil uns diese Seite der Kunst genau so anzieht wie die andere. Also zurück zum Bild, das ich jetzt vor mir habe: Ist es vielleicht die Erinnerung an ein vergangenes Leben, die sich jetzt, in der ewigen Gegenwart, mit meinem Leben verbindet? Erinnerung an das, was einmal war, und Erwartung dessen, was kommen wird? Ermüdend durchwachte Nächte, und Du, mein lieber Schlaf, schliesst mich Nacht für Nacht liebevoll in Deine Arme! Du, mein lieber Schlaf, so schwer und träge wie ein mächtiger Fluss! Die Flut, in der ich am Schluss ruhen werde, rollt Alter für Alter näher heran...»

Die Augenlider von Monsieur Dudron wurden schwerer und schwerer. Er musste sich Mühe geben, die Augen offen zu halten. So blies er die Kerze aus, streckte sich genüsslich unter den Decken und fiel, nachdem er sich zwei, drei Mal hin und hergedreht hatte, schliesslich in einen tiefen Schlaf. Er träumte.

Es war noch Nacht, die Sterne aber waren schon verschwunden. Monsieur Dudron befand sich in einer Art Park oder öffentlichen Anlage von unglaublich romantischem Aussehen und zugleich unerhörter Banalität. Zu erkennen waren Monumente in Marmor oder Bronze. Sie stellten Gelehrte, Politiker oder Generäle dar, die der Wissenschaft oder dem Vaterland einmal gedient hatten. Die Gelehrten und Politiker waren fast immer in einem Sessel sitzend und mit nachdenklicher Miene dargestellt und hielten in der einen Hand ein Buch oder eine Schriftrolle. Die Militärs dagegen standen aufrecht und hatten ein Schwert in der Hand. Sie schauten geradeaus in die Ferne. Zu ihren Füssen lagen zerschlagene Kanonen und zu Pyramiden aufgeschichtete Kugeln, um die sich am Boden Efeu rankte. Und wo man hinsah gab es Immergrün, Ruinen und Tempel, Moose und Grotten. An andern Stellen schwangen sich winzige rustikale Brücken über kleine Bäche, die leise durch das Gras und über Kieselsteine murmelten. Über einem künstlichen Teich, dessen Ränder mit Muscheln verziert waren, spannte sich eine Art Rialtobrücke.

Langsam schlenderte Monsieur Dudron die schattigen und verlassenen Alleen entlang. Er hielt ein kleines Mädchen mit melancholischem und intelligentem Blick bei der Schulter und drückte es an sich. Es war das Kind der Frau, die er liebte. «Das ist ihre Tochter», dachte Monsieur Dudron im Traum. Dieser Gedanke erfüllte sein Herz mit unendlicher Zärtlichkeit. Die Landschaften, die er einmal geliebt hatte, tauchten im Traum wieder in seiner Erinnerung auf. Ob Traum oder Wirklichkeit, es war alles da, alles. Die aus Kartonschachteln hervorgeholten Spielsachen. Die an Winterabenden auf dem Tisch des Esszimmers verstreuten, bemalten und glänzenden Spielzeuge, während der Schnee draussen allen Dingen weisse Hauben aufgesetzt hatte und die Glocken die kommenden Festtage ankündigten. Die farbig bemalten Zinnsoldaten. Die winzigen Häuschen von unvergleichlicher Sauberkeit. Die Weihnachtskrippen und die Schiffe auf Rädern. Die ganze greifbare Freude zum Davontragen. Die Garantie eines Glücks, das auszuteilen selbst die Götter zögern, die milden Götter mit den blonden seidenweichen Bärten und den unsäglich schielenden Augen, die Götter mit dem abwesendem Ausdruck, die lächeln, ohne das Geringste zu verstehen und im Grunde genommen gar nichts wissen, *weil es ganz einfach auch gar nichts zu wissen gibt...* Ja, selbst diese Götter zögern mit ihren Gaben, winden sich, knabbern mit sorgenvollem Ausdruck an ihrem Schnurrbart und streicheln

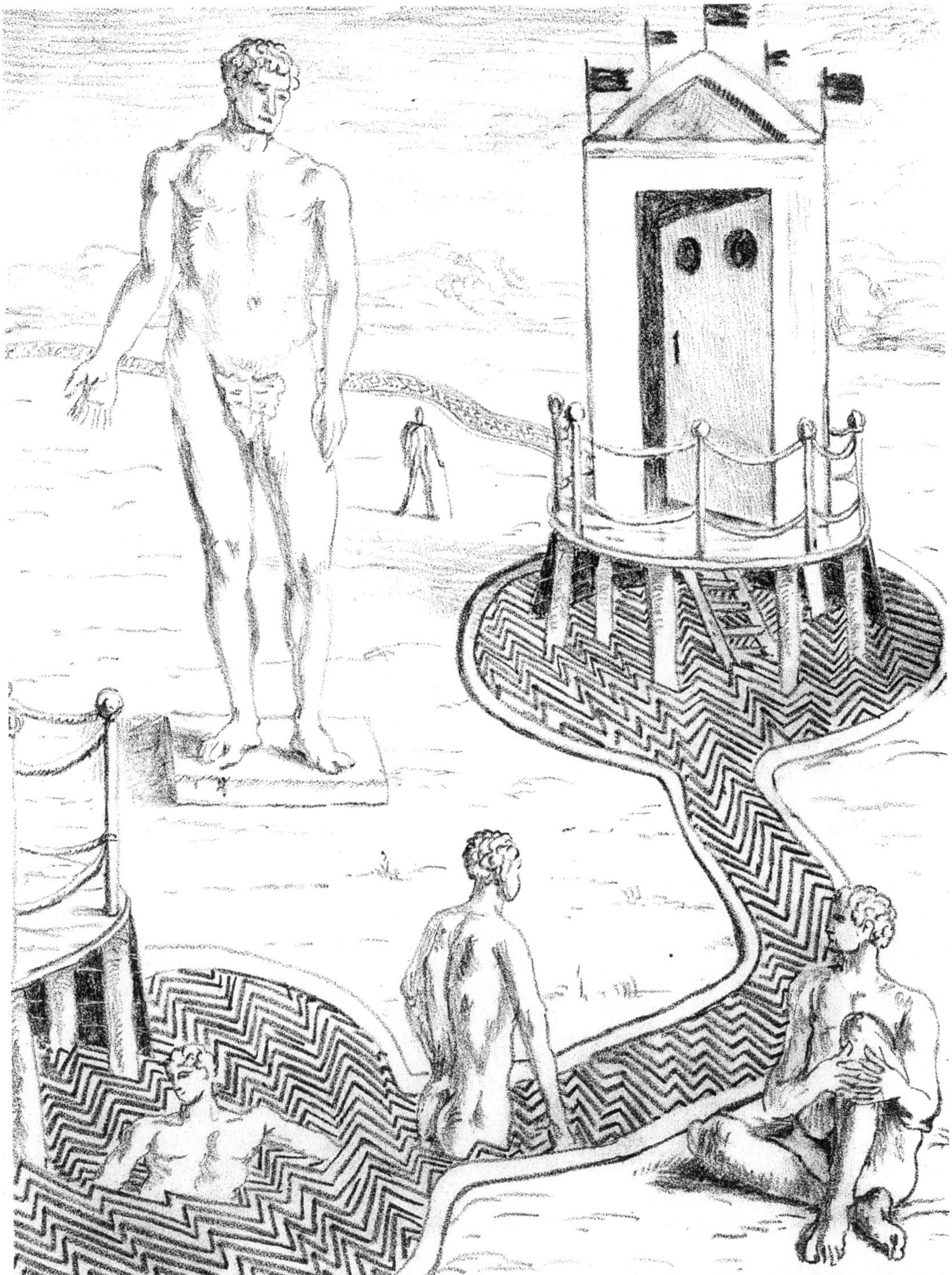

sich die Wangen unter dem Bart, bevor sie ihre ganz und gar unleserliche Signatur unten auf eines ihrer gar so kostbaren, schicksalhaft entstandenen und vom Hauch der Ewigkeit berührten Kunstblätter setzen. Doch wer dieses Blatt ein für allemal besitzt, kann sich zufrieden schätzen, und das für lange Zeit.

Monsieur Dudron wusste das, so wie ihm auch klar war, dass er träumte. Er war folglich keineswegs überrascht, als ihm bewusst wurde, dass das Mädchen verschwunden und der Schauplatz ein völlig anderer geworden war. Einige Buchsbäume, deren bitterer Geruch von der Hitze noch verstärkt wurde, waren der einzige Schmuck einer dunklen und feuchten Schlucht, in welcher die wilden Wasser eines kalten Gebirgsbaches dröhnend rauschten. Dann auf einmal eine Oase. Der Horizont hatte sich geweitet. Grosse Bäume schlangen ihre belaubten Äste über- und untereinander und spielten miteinander Ringelreihen auf dem grünen Rasen, über welchem der endlich ruhiger gewordene Bach seine silbernen Girlanden entrollte. Oberhalb dieser unerwarteten Landschaft und nahe bei einem kleinen Wasserfall, der einem Felsen zu entspringen schien, stand ein Altar, ein weisser Marmorblock mit einem darüber geworfenen Tuchumhang von sehr zartem Orangegelb, dessen klassischer Faltenwurf bis zum Boden reichte, und am Fusse des Altars lagen Rosen und Lorbeerzweige. Hier war die Mutter von Monsieur Dudron plötzlich erschienen, genau so, wie sie als junge Frau ausgesehen hatte. Sie war einfach da, sass auf dem weichen Rasen in der ruhigen und resignierten Haltung der Meditierenden und Betenden. Sie war sehr schön und hatte das Aussehen einer biblischen Gestalt. Vom Himmel her beleuchtete ein hervorbrechendes, diffuses Morgenlicht die Erde, von der die Schatten verschwunden waren. Monsieur Dudron, der sich mühsam vorwärts bewegte, so als hätte er Fesseln an den Füssen, wollte sich seiner Mutter nähern, doch wieder änderte der Schauplatz. Es war nun Mittag. Die Sonne strahlte über eine von gelbem Korn überzogene Landschaft hinweg. In der Ferne glitt die Plane eines Wagens langsam vorüber. Gluthitze verbreitete sich. Kein Vogelschrei, kein Summen von Insekten.

«Ich bin auf verschlungenen Pfaden zurückgekommen», dachte Monsieur Dudron im Traum, während er die neue Landschaft betrachtete, «ich bin auf Wegen zurückgekommen, auf denen, leider, die spitzen Steine, die Dornen und Stacheln nicht fehlten. Ich habe zu einer Erforschung des Lebens zurückgefunden, die ich seit vielen Jahren aufgegeben hatte. Ich habe mich für die Berge und die Strände interessiert und für die Linien, welche die Küsten einfassen, ferner für die von Baum zu Baum unterschiedliche Anatomie der Äste, für die Farben des Himmels, die mit der Tageszeit, dem Wetter und den Jahreszeiten wechseln. Ich glaubte, dass alle diese Erscheinungen die unterschiedlichsten Probleme darstellten, die häufigsten, die kompliziertesten und auch spannendsten. Allein, man sollte auch an anderes denken. Damit Du nicht erdrückt, oder zumindest behindert wirst, damit Deine Gedanken natürlich bleiben, darf kein allzu grelles Licht verwendet werden. Oft stehen die Erfordernisse des Lebens in direktem Gegensatz zu den manchmal sehr zahlreichen Bedingungen der Umwelt, in der man handeln, arbeiten, denken, schaffen, sich zerstreuen, ausruhen, amüsieren, kurz, leben will, zum Kuckuck nochmal! Man muss eine sehr präzise und spezifische Dosierung der verschiedenen Quellen vornehmen, aus welchen man seine Inspiration schöpft. Ich kenne die Freude der Entdeckungen und die Bitternis der Enttäuschungen! Ja, ich erinnere mich gut an einen klaren und längst vergangenen Wintertag. Eine ungeheure Trägheit lastete auf mir, der Horizont war von unvorstellbarer Reinheit und leuchtete mit dem Glanz der Ewigkeit, und über dem Hafen wurden die Schatten der Masten und Kamine länger und länger und dehnten sich sehr weit bis hin zu den Häusern, zu den Büros der grossen Speditionsgesellschaften und den Läden, aus welchen die Gerüche von Leder, Teer und geräuchertem Fisch drangen.»

So redete Monsieur Dudron im Traum mit sich selbst. Inzwischen war die Angst, die bis dahin von einem leisen Gefühl des Unwohlseins begleitet war, gänzlich verschwunden und hatte der Empfindung von Ruhe und Sicherheit Platz gemacht. Als er sich in seinem Traum plötzlich in eine Bärenjagd verwickelt sah, geschah dies folglich völlig emotionslos: «Achtung», sagte eine Stimme in seiner Nähe, «das Tier ist nur verwundet, es wird sich gleich auf den Jäger stürzen!» Kaum hatte er im Traum diese Worte vernommen, als ein Schuss fiel. Monsieur Dudron wachte auf. Er reckte sich, gähnte, suchte nach seiner Uhr und bemerkte, dass die zehnte Stunde geschlagen hatte. «Schon wieder der Sohn meines Nachbarn, der mich weckt», stöhnte Monsieur Dudron, «indem er im Garten mit seinem Karabiner auf die Scheibe schiesst.»

Als er über den Sohn seines Nachbarn nachdachte, erinnerte er sich mit Wehmut an diesen Adoptivsohn, diesen Bruno, das Kind, an dem er so zärtlich gehangen hatte, und dem sowohl er als auch seine Frau selbst während der schwierigsten Zeiten ihres Lebens so manches Opfer gebracht haben. Sie hatten gehofft, dass diese Opfer später ihre Früchte tragen würden. Sie hofften, dass sie Bruno, einmal zum Jüngling geworden, dazu bringen könnten, das Studium der Rechte oder der Mathematik zu ergreifen, damit dereinst aus ihm ein Advokat oder ein Ingenieur würde, kurz, ein vor allem ehrlicher, aber auch arbeitswilliger und seriöser Mann. Doch, Gott sei's geklagt, Monsieur Dudron fand eines Morgens, als er zusammen mit seiner Frau Brunos Zimmer betrat, um ihm seine Morgenschokolade zu bringen, das kleine Bett leer vor. Das Matrosenkleidchen lag auf einem Stuhl. In einem auf dem Kaminsims gut sichtbar drapierten Brief fand sich die Erklärung: «Ich gehe», hiess es da, «weil man mir dort mehr bietet. Ich gebe euch mein Matrosengewand wieder zurück, dessen rauhe Wolle mich grausam leiden liess, so als trüge ich um Hals und Handgelenke ein Halsband und zwei Armbänder aus Brennesseln. Ich brauche diese Kleider nicht mehr, denn mit dem Geld, das man mir geschenkt hat, habe ich mir einen prächtigen Sportanzug gekauft, eine Golfmütze und Schuhe mit dreifacher Sohle, die zudem noch mit Gummi verstärkt ist.»

Man, damit war immer *er* gemeint, dieser unermesslich reiche Reeder mit dem langen Kinn und den kurzen X-Beinen, der ihren Bruno verführt und zur Flucht animiert hat, ihr Kind! In einem Post Scriptum zum Brief fügte der verlorene Sohn hinzu, *dass man ihm eine Stadt zur Verfügung gestellt habe.*

Ja, das Turteltäubchen war ausgeflogen. Feige wie ein Verräter geflohen. Die Jahre waren wie alle Jahre, mehr oder weniger traurig oder fröhlich, ins Land gegangen. Nun lehnte sich der gross gewordene, arrivierte Bruno in der grossen, weissen Stadt, in welcher die schwarzen, militarisierten und unerbittlichen Tribunen in ihren strengen Uniformen die Aufsicht führten, unter gewaltigen Kuppeln hinaus, um den sonoren und polyphonen Wellen zu lauschen, die pausenlos aus den Klang verstärkenden Kavernen aufstiegen, in denen grossartige Orchester in engen Sitzreihen zusammengedrängt diszipliniert Unterschlupf gefunden haben. Sie standen unter der Leitung von steifen Dirigenten mit üppigen

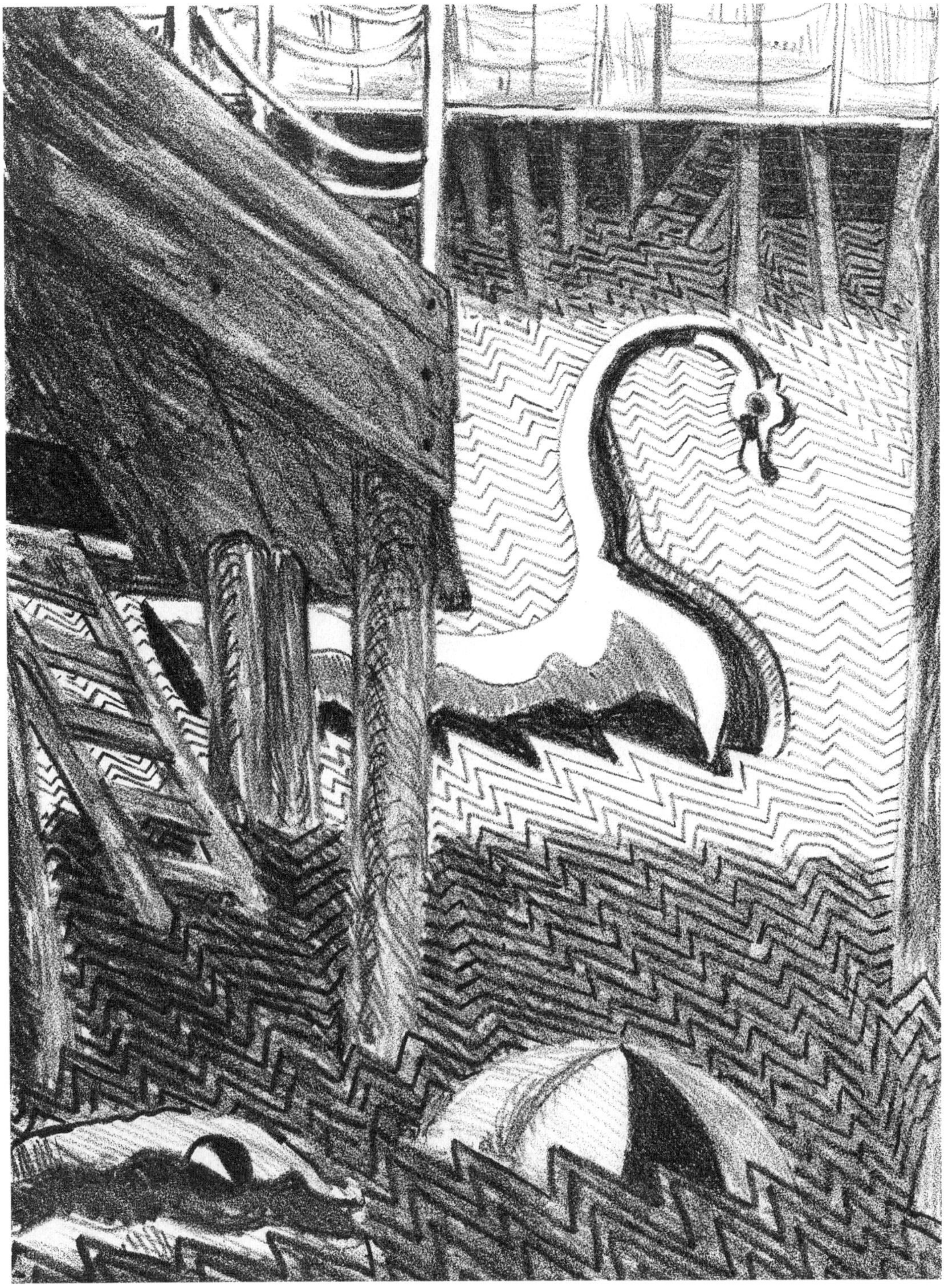

Mähnen, die mit schrecklichem Grinsen und epileptischen Gebärden den erhabenen Klang der berühmten unvollendeten Symphonien höher und höher steigen liessen.

So dachte Monsieur Dudron über den verlorenen Sohn, doch ohne Wut und ohne Hass. «Schliesslich», sagte er sich, «ist jeder sich selbst der Nächste, das ist das Gesetz, das die Welt regiert.» Gleichzeitig rügte er sich, mehr als nur einmal *die Gelegenheit nicht wahrgenommen zu haben*. Er betrachtete sein vom Tageslicht erleuchtetes Zimmer und dachte über seine nächtlichen Träume und Abenteuer vom Vortag nach. «Es ist das mysteriöse Leben, das jeden Morgen von neuem beginnt», sagte er sich. Er wusste, dass er sich gleich nach dem Aufstehen um die vollkommene Sicherheit eines sauber rasierten und mit gut sitzenden Schuhen und Anzügen gekleideten Mannes zu kümmern hatte, der die zugeknöpfte Innentasche seines Jacketts betastet, wo er seine mit grossen Scheinen und Schecks bestückte Brieftasche fühlt, versehen mit Identitätskarten und Pässen, die vollkommen in Ordnung sind, und der darüber hinaus weiss, dass sich in den übrigen Taschen seines Anzugs alles befindet, was für einen vorsorgenden und an Leib und Seele gesunden Mann nötig, ja unentbehrlich ist, wenn er sein Haus verlässt, um sich in den mysteriösen und an Überraschungen reichen Dschungel zu begeben, den eine grosse und moderne Stadt darstellt, als da sind: Füllfederhalter, Notizheft und Adressbuch, Federmesser, Jodtinktur in hölzerner Schutzhülse, Heftpflasterröllchen, Uhr und Kompass, Taschenkamm, Bleistift mit Schutzhülse, Skizzenheft, Metalldose mit mindestens sechs Pillen gegen allfälliges Kopfweh, ordentlich gefüllter Tabakbeutel, Pfeife, Streichhölzer, ferner ein Stück rostiges Eisen oder ein Horn aus Koralle, das beim Vorüberziehen einer Trauergemeinde oder eines Individuums, das im Ruf steht, den bösen Blick zu haben, zu berühren ist, oder ganz allgemein beim Anblick einer Person oder irgendeiner beliebigen Sache, die Unglück bringen konnte.

Nachdem er auf seine Uhr geschaut hatte, bemerkte er, dass es höchste Zeit war, sich anzuziehen und das Haus zu verlassen. Gewiss, ins Freie gehen, doch wohin? Es genügte jetzt nicht mehr, seinen Geist zu beruhigen, der durch höhere Gewalt bukolisch und tolerant geworden war. Heute wusste er, was er von den Stadtspaziergängen, den *sorties en ville*, zu halten hatte. Er kannte die grossen Zentren, in denen sich die mechanischen Instinkte von Millionen und Abermillionen Menschen wie er zusammenballen und Tag und Nacht eine im Überlebenskampf sich verzehrende Menschenmenge unter harmonischen, in Marmor gehauenen, und von Nebel und Rauch schmutzig gewordenen Gruppen zusammendrängt, die auf ihren kubischen Sockeln die Musik, den Tanz, das Denken und die Poesie darstellten.

«Mit sich selbst zufrieden sein», dachte Monsieur Dudron, «ist nicht alles.» Man muss zusätzlich kleine aufeinanderfolgende Siege verbuchen können, die unsere Stellung im Leben sichern und um uns herum unentbehrliche Bollwerke errichten, die vor Angriffen von unseresgleichen schützen, die diese, wer auch immer sie sein mögen, früher oder später gegen uns anzetteln. Es gibt, das stimmt, die Natur! Ja, die Natur!...» Allein der Klang dieses Wortes beschwor im Geiste von Monsieur Dudron wenig tröstliche Bilder herauf. Er sah verlassene Sitzbänke und milchige, entsetzlich ruhige Wasserflächen vor sich. Am Horizont ging die Sonne als rote und tragisch einsame Scheibe langsam im Dunst unter. «Ein rauchender Horizont», dachte Monsieur Dudron. Ein monströses Tier mit dem Kopf eines Papageien, eine schwarze Masse, riesig wie ein Berg, tauchte langsam aus dem Wasser empor und schleppte sich auf dem Sand unter Weichtieren vorwärts, von denen sich einige noch bewegten, mühsam verlagerten, zusammenbrachen und dann reglos liegen blieben. Hernach waren ruhige und schwarze, von dunklen Tannen umgebene Seen zu sichten. Dahinter erhoben hohe Gebirge ihre Gipfel, deren lange Schrunden mit Schnee gefüllt waren und wie Ströme weisser Lava aussahen. Von einem Felsen stürzte ein Wasserfall in den See. Obwohl er sich in ziemlicher Entfernung befand, drang sein Rauschen bis an Monsieur Dudrons Ohr, so unbewegt schien die Luft zu stehen und so vollkommen war die Lautlosigkeit. Monsieur Dudron blieb so nachdenklich wie unentschieden.

«Im Grunde genommen», sagte er sich, «missfällt mir das ebenso wie das Spektakel der ruhelosen und mechanisierten Städte. Zwar gibt es, das stimmt, Menschen, *die Menschheit*. Die jungen Näherinnen, die bis zu fortgeschrittener Nachtstunde arbeiten, um für die Bedürfnisse eines kränkelnden Vaters, einer alten Mutter und der kleinen Brüder aufzukommen, die gekleidet und gefüttert sein wollen, und deren Schulgeld bezahlt werden muss. Unter dem Schein der Lampe führen sie die Nadel, während ihre Gedanken in die Weite schweifen, hin zum Verlobten, zum Liebhaber, der sie am Sonntag übers Land und in die Wälder fahren wird, um Erdbeeren zu pflücken und auf den Pachthöfen frische Milch zu trinken. Dennoch kommt es manchmal zum Verrat und den damit verbundenen Dramen. Die ledige Mutter, die ihr uneheliches Kind in den Armen wiegt und sich wie ein gejagtes Wild hinter den Säulen der Kirche versteckt; in ihrer unmittelbaren Nähe *er*, der zu den Akkorden einer heiseren, den Hochzeitsmarsch spielenden Orgel festlich gekleidet und mit gepuderten Wangen im Duft des Weihrauchs lächelnd und frisch rasiert, mit seiner Frau vorbeizieht; *seine* Frau, die sich, ganz in Weiss gekleidet und mit einem Krönchen aus Orangenblüten im Haar auf seinen Arm stützt, und dahinter der unvermeidliche Zug der Verwandten, Freunde und geladenen Gäste.» Monsieur Dudron stand auf, schlüpfte in die Pantoffeln und zog seinen Morgenrock über. Sein Entschluss war gefasst, unwiderruflich. Er setzte sich an seine Staffelei, versorgte sich mit Palette und Pinseln, nahm ein am Vorabend begonnenes Gemälde hervor und begann ruhig zu malen. Er arbeitete schon eine ganze Weile, als es an der Tür klopfte und eine junge Frau eintrat.

Es war Isabella Far, eine Schriftstellerin, über die Monsieur Dudron oft mit seinen Freunden sprach. Sie hatte eine philosophische Intelligenz oder vielmehr ein philosophisches Talent, das in der Geschichte der schreibenden Frauen einzigartig war. Oft besuchte sie Monsieur Dudron, von dem sie glaubte, er sei der einzige moderne Maler, welcher das Mysterium der grossen Malerei wirklich verstand und in der Lage wäre, die heruntergekommene Malerei auf eine Ebene von Schönheit und Würde zu heben.

«Guten Tag, gnädige Frau», sagte Monsieur Dudron, stand auf und legte seine Palette beiseite, «soeben wünschte ich mir, Sie zu sehen, denn seit heute morgen beschäftige ich mich in Gedanken mit vielen die Malerei im Allgemeinen und die Situation der modernen Malerei im Besonderen betreffenden Fragen. Wie erklären Sie sich zum Beispiel den Intellektualismus, diese Manie, diese Fixierung, für intelligent gehalten werden zu wollen, welche heute allen denjenigen zu eigen ist, die sich mit Kunst im Allgemeinen oder moderner Kunst im Besonderen beschäftigen?» Isabella Far sammelte sich eine Weile und entgegnete dann: «Zu allen Zeiten lässt sich eine Präferenz für eine bestimmte Eigenschaft, eine ganz bestimmte menschliche Fähigkeit beobachten.

Es gab Zeiten, da man vor allem den Mut und die Kunst, Krieg zu führen, schätzte; andere, da Tugend und Enthaltsamkeit bewundert wurden; und wieder andere, da man an erster Stelle auf Eleganz und Raffinement setzte.

Auch unser Jahrhundert hat sein Ideal, und das ist die *Intelligenz*. Viele unserer Zeitgenossen wünschen sich nur eines: intelligent zu sein, oder zumindest intelligent zu wirken. Weil aber die Intelligenz eine Gabe des Himmels ist und man sie auf gar keine Art und Weise erwerben kann, wurde an ihrer Stelle *der Intellektualismus* erfunden.

So unerlässlich natürliche Begabung für die Intelligenz ist, so leicht kann der Intellektualismus erlernt werden! Es genügt, mit einem natürlichen Gedächtnis ausgestattet zu sein, keine allzu ausgeprägte Persönlichkeit zu besitzen und den allgemeinen, modischen Strömungen ohne Argwohn zu folgen.

Die moderne Kunst ist ein Phänomen, das uns besser als andere das Bedürfnis der Menschen aufzeigt, den Intellektualismus zu erfinden, nachdem die natürliche Intelligenz immer seltener geworden ist.

Die moderne Malerei, Skulptur, Musik und Literatur schön brav zu akzeptieren, wie dies unsere Zeitgenossen getan haben und immer noch tun, wird für die Generationen kommender Jahrhunderte eine ganz und gar rätselhafte, an Wunder grenzende Tatsache sein.»

Monsieur Dudron war den Worten von Isabella Far mit grosser Aufmerksamkeit gefolgt und bewunderte einmal mehr den erstaunlich klaren Verstand und die überwältigende Logik dieser Frau. Er hatte ihr mit einem zustimmenden Lächeln freundlich zugehört. Nun warf er einen Blick auf das Gemälde, das er noch nicht fertig gemalt hatte, und fragte dann: «Wie erklären Sie sich dann, gnädige Frau, die Sie alles durchschauen, den Mangel an Talent und an Kraft, der heute die Kunst beherrscht; wie erklären Sie, dass es so wenige Maler gibt, die so etwas wie ein Bild, *un tableau*, zustande bringen, das heisst etwas, das in sich stimmt, und das man mit einer gewissen Freude betrachten kann?» Isabella Far sammelte sich erneut einige Augenblicke lang und antwortete: «Das letzte Jahrhundert hat uns vor allem in seiner ersten Hälfte in allen Künsten Meisterwerke beschert. Nun möchten Sie wissen, verehrter Meister, welches die Gründe für die moderne Dekadenz sind. Ich werde Ihnen dies hauptsächlich anhand der Malerei erklären, weil es diejenige der Künste ist, die Sie am meisten interessiert.

Ich denke, die Menschheit hat in den vergangenen Jahrhunderten viel zu viele geniale Künstler hervorgebracht. Eine Pause war unvermeidlich, und diese Pause fiel zufällig, oder weil es so vorgesehen war, mit einem Augenblick in der Geschichte zusammen, in dem sich entscheidende soziale Veränderungen vollzogen. Die Aristokraten und andere aussergewöhnliche Persönlichkeiten, die in der Vergangenheit über die Kunst entschieden, wurden allmählich von Bürgern abgelöst, die zu den hauptsächlichsten Käufern, Kennern und Kritikern avancierten.

Die neuen Mäzene konnten nicht von einem Tag auf den andern zu echten Kunstkennern werden. Um den Wert eines Kunstwerkes wirklich zu erfassen, ist vor allem ein natürlicher Kunstsinn erforderlich, und dieser muss über lange Zeit gepflegt werden. Vor allem sollte man diesen Kunstsinn von seinen Vätern oder besser noch von seinen Grossvätern geerbt haben. Sie wissen doch, Monsieur Dudron, um ein Kunstwerk richtig zu verstehen, ist eine lange Tradition erforderlich, oder aber eine aussergewöhnliche Intelligenz.

Wenn Fachleute viele Jahre Erfahrung benötigen, um die Qualität eines Stoffes zu beurteilen, der ja letztendlich nichts als Materie ist, die sie mit Fingern tasten, deren Fasern sie verbrennen oder in anderen Experimenten einsetzen, um festzustellen, ob eine Wolle oder eine Seide echt ist, wieviel mehr Erfahrung ist dann erst nötig, um die Qualität eines Kunstwerkes beurteilen zu können, wo wir da doch allein auf unseren künstlerischen Sinn und unsere Kultur angewiesen sind.»

«Madame, was Sie da gesagt haben, stimmt», erwiderte Monsieur Dudron, «doch wie erklären Sie dann den vollständigen Verlust des Handwerks, welcher heutzutage zu so viel Unheil führt, und wie erklären Sie es sich, dass heute ausgerechnet die sehr seltenen Maler mit etwas Talent schlecht malen und für ihre Bilder schlechtes Material verwenden, und diese folglich von schlechter Qualität sind?»

Nachdem sie einen Augenblick nachgedacht hatte, antwortete Isabella Far: «In der Tat hat dieser progressive und nun seit langem schon vollständige Verlust der Geheimnisse und der Technik des Malens etwas Rätselhaftes. Es arbeiteten zwar zu allen Zeiten

Künstler der zweiten Garnitur und es gab immer schon mittelmässige Künstler. Diese folgten allerdings alle mehr oder weniger der Tradition der grossen Meister. Ich denke, die Künstler des letzten Jahrhunderts haben die bis zu Delacroix und sogar Courbet sich haltende Tradition der grossen Malerei aufgegeben, als sie es mit einem kulturlosen Publikum zu tun bekamen. Sie haben die Tradition an den Nagel gehängt und sich für den Wandschmuck entschieden. Tatsächlich ist die Malerei immer häufiger zur Dekoration regrediert. Heute ist sie fast nur noch Dekoration und dazu meist ziemlich schlechte Dekoration. Diese Dekadenz hat mit Manet angefangen. Trotz des Talents, das man in den Werken dieses Malers noch spürt, erkenne ich in seinen Gemälden schon das Schicksal, das der ihm folgenden Malerei beschieden war. Kurz darauf beginnt in der Malerei Qualität durch Dekoration, Erfindung und falsche Schönheit ersetzt zu werden.

Die grosse Malerei ist schön; sie ist von ernster und strenger Schönheit; Thema und Farbe zählen bei ihr nicht. Die Alten Meister haben Meisterwerke geschaffen, deren Sujet es war, Greise darzustellen, Greise, deren Gesichtszüge nichts Schönes an sich hatten, es waren Greise mit faltigen Gesichtern. Dennoch ist das entstandene Bild wunderbar; es vereinigt gekonnte Ausführung mit einer von einem Genie erschaffenen, schönen Materie!

Dieser reine und vollkommene Genuss, den wir beim Betrachten eines Meisterwerkes empfinden, entspricht dem Genuss, den wir beim Anhören genialer Musik, beim Lesen eines philosophischen Werkes oder beim Verstehen einer glänzenden Idee fühlen. Dieser Genuss ist ausserordentlich wertvoll, weil er nicht von den animalischen Instinkten der menschlichen Natur gesteuert wird, sondern vom Verständnis erhabener geistiger Belange. Es ist der Genuss, der sich aus einem höheren Wohlbefinden herleitet.»

«Hervorragend, Madame», platzte es aus Monsieur Dudron heraus. «Ich bin wirklich hoch erfreut, so klare und logische Dinge zu hören, ich danke Ihnen dafür; ich hätte noch verschiedene Fragen an Sie, aber ich befürchte, dass diese Sie ermüden könnten und möchte das deshalb auf das nächste Mal verschieben, wenn ich wieder das Vergnügen haben werde, Sie zu sehen...»

«Ich bin, verehrter Meister, glücklich darüber, dass es mir gelungen ist, Sie über gewisse Fragen aufzuklären», sagte Isabella

Far. «Mit dem Vorschlag liegen Sie richtig, unsere philosophischen Plaudereien auf ein anderes Mal zu verschieben; ich muss mich schleunigst davon machen und zu meiner Arbeit zurückkehren.»

Kaum hatte es zwölf geschlagen, begann Monsieur Dudron an sein Mittagessen zu denken. Aus wirtschaftlichen Gründen hatte er sich eine kleine möblierte Wohnung mit Küche gemietet. Diese befand sich in einer Liegenschaft, in der ausschliesslich möblierte Wohnungen vermietet wurden. Monsieur Dudron war sehr zufrieden damit, weil er so in aller Ruhe bei sich zu Hause essen konnte. Im Hotel, in dem er zuvor gewohnt hatte, lagen die Preise des Restaurants weit über seinen Verhältnissen, so dass er sich nicht einmal das leisten konnte, was man gemeinhin unter Halbpension versteht.

Daher hatte er es sich während der ganzen Zeit seines Aufenthaltes im Hotel so eingerichtet, dass er auf seinem Zimmer essen konnte. Er machte seine Lebensmitteleinkäufe in den Quartiergeschäften. Ein grosses Problem ergab sich für ihn jeweils dann, wenn er, mit allerhand Einkäufen schwer beladen, die Hotelhalle durchqueren musste, wo sich immer fröhliche und elegant gekleidete junge Damen sowie sportliche junge Herren in englischen Anzügen tummelten. Diese Herrschaften nahmen ihre Mahlzeiten regelmässig im Hotel ein und konsumierten, bevor sie sich zu Tisch setzen konnten, teure Aperitifs. Monsieur Dudron bahnte sich einen Weg durch alle diese glücklich und selbstsicher erscheinenden Leute; er ging dann jeweils mit einem Schritt an ihnen vorbei, dem er den Anschein von Bestimmtheit zu geben sich bemühte, und mit dem Ausdruck eines Mannes, dessen hohe metaphysische Spekulationen es ihm nicht erlaubten, sich unter die Freuden und Frivolitäten seiner Zeitgenossen zu mischen. Doch er war sich klar darüber, dass diese Auftritte vor seinem Gewissen einen falschen Klang hatten, denn er wusste, dass die Taschen seiner Hosen, seiner Jacke und seines Mantels mit Paketen vollgestopft waren. Darin steckten Sardinen- und Thunfischbüchsen, Schinken- und Wurstscheiben, Oliven, Eier, Pellkartoffeln und beim Konditor eingekaufte Kuchen, die nichts anderes waren als Rechtecke aus halb rohem und fadem Teig, auf dem etwas Konfitüre verstrichen worden war, die so sauer schmeckte wie Zitronensaft. Vom Brot ganz zu schweigen. Für Monsieur Dudron war es ein

Albtraum. Diese langgezogenen Brotlaibe, welche Baguettes heissen, von den Bäckern nur in der Mitte mit einem winzigen Blatt Papier eingewickelt, waren am schwierigsten zu verbergen. Natürlich versuchte Monsieur Dudron diese Baguettes, kaum hatte er die Bäckerei verlassen, wie Pfähle zwischen die Büchsen und Pakete, die seine Taschen füllten, zu rammen.

Wenn er so beladen ins Hotel zurückkehrte, lief es ihm eiskalt über den Rücken. Er erstarrte unter den indiskreten Blicken des in die Eingangshalle beorderten Personals, und vor allem fürchtete er den Blick des wie ein Admiral über und über mit Tressen bedeckten Portiers, der so streng zu sein pflegte wie der eines Gerichtspräsidenten. Monsieur Dudron konnte erst aufatmen, wenn er sein Zimmer in der obersten Etage erreicht, sich doppelt eingeschlossen und den Inhalt seiner Taschen auf den Tisch geleert hatte, und er sich, den kalten Schweiss noch auf der Stirn, in den einzigen Sessel fallen lassen konnte.

Doch das lag nun alles weit zurück. Mit der Angst und der Scham war auch der ganze vorherige Terror wie weggeblasen. Fast alle Bewohner des Hauses hatten kein Dienstpersonal und gingen infolgedessen selber auf den Markt. Sie kehrten ebenfalls mit Einkäufen beladen zurück. Einige Mieter, vor allem Intellektuelle mit schlohweissem Haar und amerikanischen Brillen, waren diskreter als die andern und packten ihre Lebensmittel in Ledertaschen und sogar in kleine Koffer.

Monsieur Dudron wusste nun, dass er keinen einzigen Grund mehr hatte, sich zu schämen oder Angst zu haben. Er empfand sogar eine Art grausamer Freude, mit Paketen und Backwaren unter den Armen nach Hause zurückzukehren, die zu verbergen er sich nicht einmal mehr die Mühe machte. Einmal kehrte er sogar mit einem riesigen Kürbis zurück. Von nun an war sein Gang wirklich aufrecht, ruhig und sicher, wenn er am Hausmeister vorüber schritt, um in seine Wohnung zu gelangen. Selbst mit allen möglichen Lebensmitteln beladen, würde er erhobenen Hauptes und mit dem Blick geradeaus an ihm vorbeischreiten, so wie an einem schönen Sonntagnachmittag eine sich auf den Arm ihres Gatten stützende, hochschwangere Frau inmitten einer dicht bevölkerten Stadt.

Ja, genau das war es, was Monsieur Dudron wollte, erhobenen Hauptes mit dem Blick geradeaus durch die Menge seiner Zeitgenossen schreiten. Doch diese Zeitgenossen verhielten sich, sei es aus Hysterie, sei es, um ihn zu ärgern, so, als bemerkten sie nichts und ignorierten die enorme Distanz zwischen ihnen vollständig. Monsieur Dudron zog, wie fast immer bei dieser Art Erfahrungen, den Kürzeren, doch durfte er es sich selbst nicht eingestehen und offen zugeben. So verstrickte er sich in alle möglichen Theorien und inneren Monologe, um sich selbst zu beweisen, dass er am Ende doch als Sieger hervorgegangen war.

Weil Monsieur Dudron ein Mensch war, dessen Leben, von der etwas traurigen Melodie der Erinnerungen begleitet, Tag für Tag so dahin floss, sah er in der Rückschau den Mond wieder, wie er vor einigen Jahren an einem feuchten Herbstabend hinter den Kirchtürmen langsam am dunstigen Himmel aufgegangen war. Die kupfer- und rostfarbenen Blätter fielen von den Platanen und Kastanienbäumen. Sie flatterten und wirbelten eine Weile herum und landeten schliesslich im schmutzigen Nass der Wege und Alleen. Männer in abgetragenen Mänteln kehrten ohne Überzeugung nach Hause zurück, und Ladenbesitzer zogen nach einem mageren Tag die Gitter ihrer Schaufenster mit dem Geknatter wie von Maschinengewehren herunter. Ein Gemurmel, etwas Wirres und Undefinierbares, drang von allen Seiten ans Ohr von Monsieur Dudron und wiederholte mit Nachdruck, *dass alles vergeblich ist*. «Und trotzdem», dachte er, während er seine Pfeife auskratzte, «werde ich diesen wilden Ort nie vergessen, wo mein Vater mit mir und meinem Bruder jeweils spazierenging, als wir noch klein waren. Es war eine Art kleiner Felsvorsprung, einige Kilometer entfernt von der Stadt, in der wir wohnten. Dort endete einer der Brückenbögen, die über die Flussmündung führten.

Dieser Felsvorsprung glich einer Wiese, auf der so viele weisse Margeriten, Mohnblumen und andere wilde Blumen blühten, dass es aussah, als hätte sich ein bunter Mantel über dieses Stück Erde gelegt. Verschiedenfarbige Schmetterlinge flatterten von einer Blume zur andern. Unter dem Brückenbogen, der dem Felsvorsprung am nächsten lag, schäumte das Wasser des verengten Flusslaufes auf und schien zu brodeln. In die Ritze einer der schwarz gewordenen, alten Brückenquader hatte sich ein vom Wind verwehter Weissdornsamen verfangen. Dieser Samen hatte in der Steinspalte etwas Erde vorgefunden, die sich vielleicht seit mehr als einem Jahrhundert dort angesammelt hatte. Mit der Zeit waren Moospolster verschiedener Grösse gewachsen, die sich von der Feuchtigkeit des Steins nährten, und ein jedes war, nachdem es ein Moos-Leben gelebt hatte, absterbend zu Erde geworden, die wiederum grössere Moospolster aufnehmen konnte. Und schliesslich fand sich unter den unzähligen Samen, wie sie ein böiger Wind ohne bestimmte Absicht durch die Luft jagt, ein Weissdornsamen. Vielleicht ist er aus dem Schnabel eines Vogels gefallen, der irgendwo in einer Höhlung der Brücke sein Nest gebaut hatte und der nun seinen heisshungrigen Jungen eines dieser roten, bis zum Frühling an der Pflanze hängenden Beeren mit den Weissdornsamen brachte. Aus dem Samen war eine kräftige und buschige Pflanze geworden. Um sich auszubreiten hatten sich die Wurzeln rundherum diejenigen Spalten gesucht, die etwas Erde enthielten. Der Weissdorn fiel in Girlanden vom Brückenbogen, welche selbst vom leisesten Lufthauch bewegt und von Wassertropfen ständig feucht gehalten wurden. Ende Mai und noch eine Zeitlang im Juni würden diese Girlanden mit kleinen Blüten von zartem Rosa bedeckt sein, die nach und nach abfielen, um dann auf den schäumenden Wellen des Flusses schwimmend davonzueilen und zu verschwinden.»

Dieser lange Monolog hatte Monsieur Dudron etwas ermüdet. Trotzdem war er nun zufrieden, abgesehen davon, dass Melancholie seine Zufriedenheit überschattete. Diese weit zurückliegende Kindheitserinnerung pflegte er sich in traurigen Momenten ins Gedächtnis zu rufen. Er glaubte, dass diese Erinnerung ihm manches Geheimnis entschlüsseln könne. Dem schöpferischen Künstler, dem leidenschaftlichen, inbrünstigen und religiösen Menschen gefiel sie ganz besonders. Mit dieser Erinnerung stiegen andere Erinnerungen in seinem Gedächtnis auf. Erinnerungen an Landschaften, gewiss. Doch wo hatte er diese Landschaften gesehen?... In welchem Moment seines abenteuerlichen, arbeitsreichen und schwierigen Lebens?... Er konnte sich nicht genau erinnern, aber Landschaften waren es auf jeden Fall. Landschaften! Monsieur Dudron liebte die Landschaften, sowohl die realen als auch die gemalten... Er liebte die Landschaften der grossen Meister, vor allem von Rubens, auf welchen die Luft in den Blättern der Bäume zu rauschen scheint und die Wolken am Himmelsgewölbe vorbeiziehen. Dagegen verabscheute er die Landschaften der modernen Schulen. Er fand sie schlecht gemalt, ungeschickt, schlammig und flach. Auf einmal sah er viele Landschaften wie im Theater auf einem Bühnenhintergrund an sich vorüberziehen. Und wie er sie sah! Er sah sogar Landschaftstypen, die vollkommen anonym waren, weil sie im Flurregister in zehnfacher, ja hundertfacher Ausführung reproduziert werden. Es gab solche, welche in die ebene Fläche des Landes eingeschnitten zu sein schienen. Sie sahen aus als schliefen sie in der weichen Harmonie der Hügel, eingebettet zwischen dem Grau der Landhäuser, den braunen Rechtecken der gepflügten Felder, dem abgestuften Grün der Wiesen, dem frischen Glanz der Flure, auf denen Zuckerrüben gepflanzt wurden, die heute in fast jedem Klima heimisch geworden sind. Mittendrin hoben sich da und dort die ungleichmässigen Formen dunklerer, vom Herbst mit Rost überzogener Erdmassen vom üppigen Hintergrund dieser ländlichen Pracht ab, welche die Bauern jahrhundertelang in alltäglicher Mühsal schweren und schicksalsergebenen Schrittes abgeschritten sind. Dann sah er Wälder, Birken bildeten inmitten der Getreidefelder so etwas wie winzige Oasen und dienten den Jägern als Posten vor dem richtigen Wald weiter hinten, dem dunklen und feuchten Wald, der unter grossen Kosten geschützt und unterhalten wird, um das Landgut immer mit genügend Wildbret versorgen zu können...

Monsieur Dudron liebte die Landschaften und er beobachtete die Natur. Manchmal hob er Steine und Kieselsteine auf, drehte sie nach allen Seiten und betrachtete sie lange. Dann legte er sie auf einen Tisch, griff zu Bleistift und Papier und zeichnete sie in verschiedenem Licht geduldig ab. Einmal auf dem Papier festgehalten, sahen diese Steine und Kiesel wie einsame, unberührte Orte aus, wie felsige Gebirge oder Klippen über einem imaginären Meer. Er machte diese Zeichnungen vor allem abends. Er stellte Steine und Kiesel senkrecht unter das Licht der Lampe, um Kontraste und Lichteffekte zu erzeugen. Zeichnend stellte er sich vor, zur Zeit der griechischen Mythen in südlichen Gefilden an einem wilden und felsigen Ort zu leben. Er stellte sich vor, wie die Strahlen der Sonne, einmal am Zenith ihrer Bahn angelangt, senkrecht auf die Erde treffen. Er verband damit feierliche Momente, die von lieblicher Ewigkeit widerhallen, wenn die dunklen Klänge aus der Flöte des im Schilf verborgenen Pan Ton für Ton feierlich und tröstlich in die laue und reglose Luft steigen. Monsieur Dudron liess diese Gebirge im Mittagslicht glücklicher Zeiten auf-

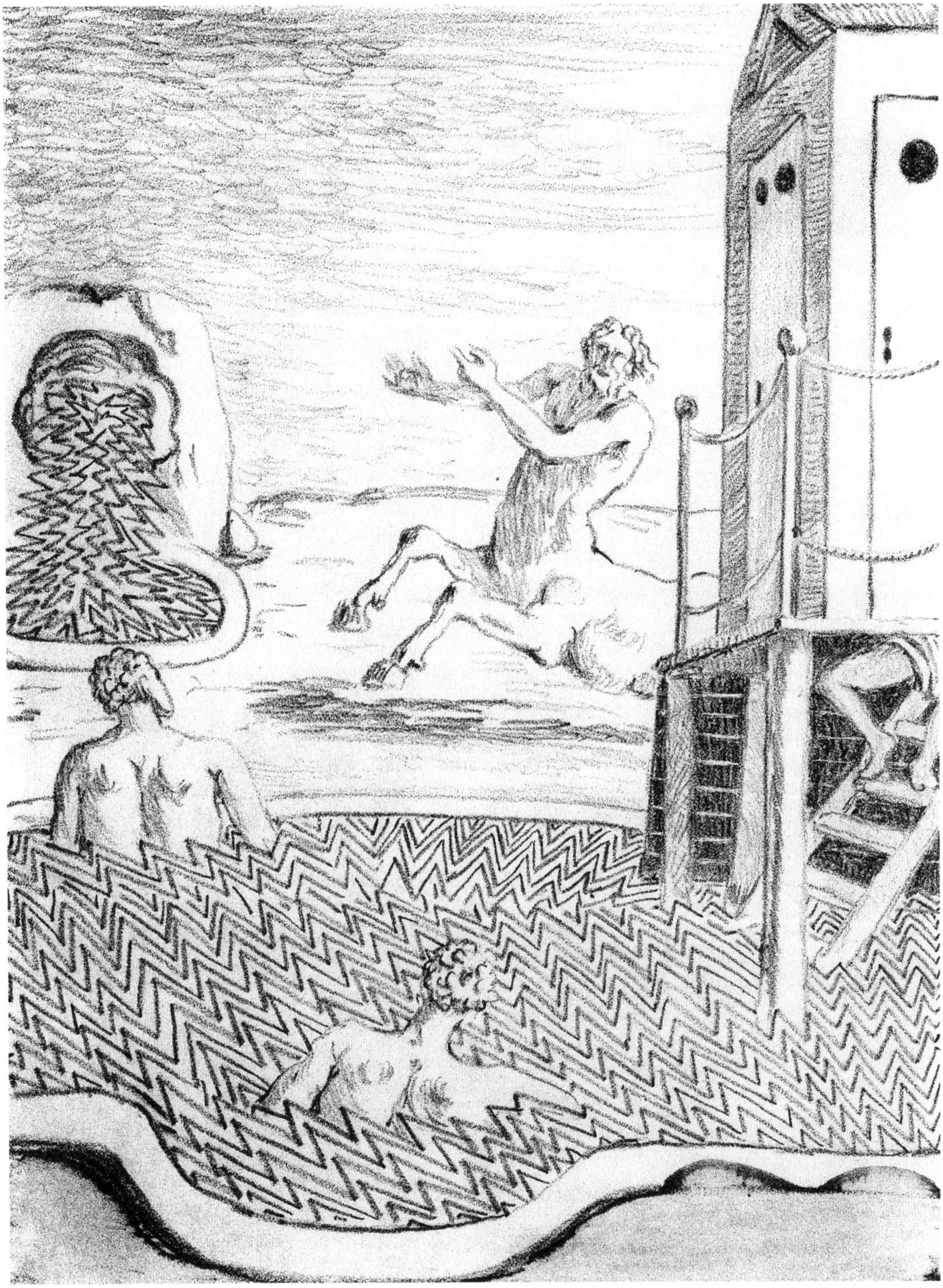

scheinen. Er sah die von Zentaurenfamilien bewohnten Höhlen. Er sah die Zentaurenmutter in der Sonne ausgestreckt am Eingang der Höhle ihre Jungen säugen. Um ihre Menschen- und Pferdenatur gleichermassen auf die Jungen zu übertragen, bot sie ihnen bald ihre Frauenbrüste, bald ihren Stuteneuter. Die Zentaurenfüllen sprangen vergnügt um sie herum, jagten einander und stiessen Juchzer aus, in die sich das Wiehern der Pferde mit dem gellenden Ruf der von Lebensraum und Freiheit trunkenen Jugend mischte. Inzwischen ging der Zentaur, das Oberhaupt der Familie, mit seinem Bogen und dem gefüllten Köcher auf die Jagd. Hinter einem Felsen oder Busch harrte er, auf der Lauer liegend, so lange aus, bis ein grosser Vogel oder ein Wildschwein auftauchte. Manchmal sammelte er Eicheln, Brombeeren und Kräuter. Abends, nachdem er wieder in seine Grotte zurückgekehrt war, briet er das Wildbret an einem langen zugespitzten Ast. Er zerdrückte die Eicheln und zerrieb sie zwischen zwei flachen Steinen.

Wenn sich der Himmel verdunkelte und die Eulen mit ihren traurigen Rufen das Echo in den Bergen weckten und die Fledermäuse am Abendhimmel wie trunkene Vögel, ähnlich dem Pendel einer riesigen Pendeluhr, auf und ab zu schwingen begannen, sperrten der Zentaur und die Zentaurenmutter zusammen mit ihren Jungen den Eingang mit einem grossen Felsbrocken ab. Darauf zog sich die ganze Zentaurenfamilie ins Innere der Grotte zurück.

Manchmal hielt Monsieur Dudron den Stein gegen das Licht. Dann erschien ein Gebirge, hinter dem die Sonne unterging. Der unregelmässige Umriss des Gipfels hob sich deutlich von dem noch vom untergehenden Gestirn erhellten Himmel ab. Alle diese Zeichnungen von Steinen waren sehr suggestiv und anschaulich. Monsieur Dudron liebte es, sie manchmal seinen Freunden zu zeigen, die sogleich in Bewunderung ausbrachen, während sie im Grunde überhaupt kein Vergnügen daran fanden, sie anzuschauen, weil sie davon gar nichts begriffen.

«Alles haben wir in unserer unmittelbaren Nähe und um uns herum», pflegte Monsieur Dudron zu sagen, «alles, sogar die unwahrscheinlichsten Dinge. Die fabelhaftesten Ungeheuer leben kaum zwei Schritte entfernt. Schaut zum Beispiel diese Eidechse, wie sie über die Gartenmauer gleitet und dort verweilt, wo die Mauer am wärmsten ist, weil sie da am längsten den Strahlen der im Sommer brennend heissen Sonne ausgesetzt war. Diese Eidechse ist ein Drache, wie er in den Mythen, den Religionen und den Sagen vorkommt. Sie ist der vom heiligen Giorgio, dem Sieger über das Böse, erlegte Drache, sie ist der Drache, den Perseus mit seiner Lanze durchbohrt hat, um die schöne Andromeda zu befreien, und der Drache, dem Ruggero den Kopf abschlug, um Angelica zu retten. Das alles, meine lieben Freunde, sind Mysterien, genau wie das Knarren der Möbel in der vollkommenen Stille einer tiefen Nacht!»

Schliesslich versuchte Monsieur Dudron sich abzulenken und die grundlose Lustlosigkeit, die undefinierbare Melancholie zu verscheuchen, die sein sensibles Gemüt heimsuchten. Er versuchte sich bald mit Philosophieren, bald mit dem Beobachten der ihn umgebenden Dinge und Menschen zu erheitern. Was die Beobachtung der Menschen anging, war die Situation weniger interessant, als er sich dies gewünscht hätte. In einem grossen und wie ein *Aquarium* ringsum mit riesigen Glasfenstern versehenen Pavillon gingen nicht mehr ganz junge Frauen mit offenem Haar ohne Rast und Ruh hin und her, und es gelang ihm nicht, sich den wahren Grund für dieses Treiben zu erklären. Auf Stühlen aus Stahl sassen Männer, deren Überzieher auf dem staubigen Boden schleiften, und überflogen mit müder und skeptischer Miene die Zeitungen. Andere Frauen, die da und dort verstreut sassen, waren mit Nähen oder dem Stopfen von Wäsche beschäftigt. Sie sprachen wie in einer Kirche flüsternd miteinander. Kinder rannten schrill kreischend vorbei oder bewegten sich mit an den Körper gepressten Ellbogen und gebeugten Knien mit kleinen schlurfenden Schritten vorwärts. Sie formten die Lippen zu kleinen Trichtern, liessen Speichelblasen platzen und gaben gleichzeitig Laute von sich, welche Dampfstösse von losfahrenden Lokomotiven imitieren sollten.

Monsieur Dudron hatte eine richtige Abneigung gegen Kinder. Er hat es nie geschafft zu verstehen, was in der Seele und im Kopf der Menschen vor sich geht, deren Augen zu glänzen beginnen, sobald ein Kind auftaucht; eines dieser hasserfüllten kleinen Wesen mit verschlafenem oder vollkommen stumpfsinnigem und blödem Blick, die nach Urin und Speichel riechen und mit glasigen Augen aus weichen Gesichtern blicken, die so rot sind wie überbrühter Hummer. Nicht nur empfand er Kindern gegenüber eine ausgesprochene Abneigung, sie terrorisierten ihn auch.

«Warum», fragte sich Monsieur Dudron, «ist der Unterschied zwischen den Jungen der Menschen und denen der Tiere so gross?... Schauen Sie mal einen jungen Löwen an, einen jungen Tiger, einen jungen Elefanten, einen jungen Hund, eine junge Katze, ein Füllen oder gar ein Kücken. Wie gut sie doch sind, wie sympathisch, herzlich, spontan, fröhlich, gutmütig und dankbar. Man hat seine wahre Freude, sie zu streicheln und zu berühren. Kaum bringt man ihnen auch nur ein klein wenig Aufmerksamkeit entgegen, sind sie sofort da und zum Spielen bereit, ohne Argwohn, Misstrauen oder Feindseligkeit und auch ohne sich in hysterische und bösartige Übertreibungen hinein zu steigern, wie dies die Jungen der Menschen tun. Denn was geschieht, wenn Sie versuchen, zu einem Kind freundlich zu sein? Entweder es bestaunt Sie mit dem bösen Blick eines Kriminellen und zeigt keine Reaktion auf Ihr Entgegenkommen, oder es stürzt auf Sie los und versucht mit allen Mitteln, Sie zu stören, Sie in Ihrer Bewegungsfreiheit zu hindern oder lächerlich zu machen, hauptsächlich wenn andere Personen der Szene beiwohnen.»

Es kam indessen oft vor, dass man Monsieur Dudron, wenn er über seine Antipathie Kindern gegenüber sprach, stereotyp entgegnete: «Aber mein lieber Monsieur Dudron, das sagen Sie doch nur, weil Sie nie Kinder gehabt haben und infolgedessen ganz bestimmte Gefühle gar nicht verstehen können. Hätten Sie eigene Kinder, hätten Sie sie ebenso geliebt wie junge Tiere. Sie wären zweifellos ein wunderbarer Familienvater geworden. Man sieht es Ihrem Gesicht an, dass Sie ein herzensguter, milder und gefühlsbetonter Mensch sind.»

Solche Reden genügten nicht, Monsieur Dudron zu überzeugen, doch es schmeichelte ihm bis zu einem gewissen Grad, den Anblick eines herzensguten, milden und gefühlsbetonten Menschen zu bieten, allerdings hätte er lieber gehört, dass er einem Piraten oder Banditen gliche.

«Lassen wir das», überlegte Monsieur Dudron, «man sollte sich das Leben niemals mit solchen Problemen erschweren und sein ganzes Selbstbewusstsein darauf konzentrieren, wie ein Radaubruder auszusehen. Das alles fängt an, zu einer Art hysterischer Manie zu verkommen. Ich kenne das; Männer schämen sich und fürchten, schwach und hilflos zu erscheinen. Das ist wohl der Grund, warum ein normaler Mann in Verlegenheit kommt, wenn ihn eine junge

Frau im Bett sieht. Dass er sich schämt, kann nicht mit der Vorstellung zusammenhängen, dass ein im Bett liegender Mann halb oder ganz nackt ist, denn ein im Bett liegender Mann ist letztlich bedeckter als ein Mann, der aufgestanden und angekleidet ist. Allein, der Anblick eines unter Laken und Decken liegenden Mannes lässt den Gedanken an Impotenz aufkommen; nicht etwa, weil damit die Vorstellung an einen kranken Mann verbunden wird, sondern vor allem die eines gefesselten Mannes, ohne jegliche Bewegungsfreiheit, der gegebenenfalls weder sich selber, noch jemand anderen verteidigen könnte, der dies nötig hätte. Wenn man mich fragt, so bin ich der Meinung, dass der Anblick eines im Bett liegenden Mannes mit der Vorstellung von Impotenz verbunden ist.»

Es hätte nicht viel gefehlt, und Monsieur Dudron hätte sein Selbstgespräch zum Thema unangebrachte Selbstliebe mit der sonderbaren Geschichte eines seiner Freunde, eines Malers, fortgeführt, als er plötzlich in einiger Distanz Isabella Far, die Frau mit der Intelligenz eines Philosophen, erblickte. Er eilte auf sie zu, denn er wollte unbedingt noch mehr über die moderne Malerei in Erfahrung bringen und mit ihr einige Fragen dazu erörtern.

«Wie erklären Sie sich, gnädige Frau», hob Monsieur Dudron an, «das Erscheinen von Kunsthändlern im letzten Viertel des vorigen Jahrhunderts und die Rolle, die diese seinerzeit gespielt haben?»

Nachdem sie einen Augenblick nachgedacht hatte, antwortete Isabella Far: «Ich glaube, Meister, dass das grosse Interesse der Juden an dem, was moderne Malerei genannt wird, damit zusammenhängt, dass die Juden die Abstraktion und alles, was damit verbunden ist, mögen. Auf der anderen Seite behagt ihnen die konkrete Schöpfung nicht sehr. Sie sind ein Volk, das nie das Bedürfnis hatte, das Wirklichkeit gewordene göttliche Bild zu sehen, vielleicht weil sie befürchten, dass dadurch die abstrakte Seite der Gottesvorstellung zu kurz kommt. Alle anderen Völker dagegen hatten das nur allzu menschliche Bedürfnis, das Bild ihrer Götter oder ihres Gottes zu berühren, zu küssen oder zumindest zu bewundern. Aus diesem Bedürfnis heraus, Gott möglichst vollkommen und makellos darzustellen, ist die Kunst entstanden; somit ist die wahre Kunst tatsächlich ein Teil des göttlichen Geistes unter uns.

Die Bürger bildeten ein Publikum, das weniger exklusiv als die Aristokraten und die Eliten, dafür aber umso zahlreicher war. Die wenig erfahrenen Käufer andererseits hatten das Bedürfnis, sich bei ihrer Wahl beraten zu lassen. *So kamen die Kunsthändler auf.* Die Bezeichnung *Kunsthändler* trifft ziemlich genau das, was diese Menschen waren, nämlich keineswegs Kunstliebhaber oder Kunstbegeisterte, sondern ganz einfach Händler, die ihre Ware verkaufen wollten. Somit trugen sie ganz entschieden zum Missverständnis in der Kunst und zu ihrer Dekadenz bei.»

«Was Sie da sagen, ist wirklich sehr interessant, gnädige Frau, und vor allem sehr intelligent und richtig. Auch ich habe das bemerkt, konnte es aber nicht so klar, so präzis und philosophisch, so logisch formulieren.»

«So will ich denn fortfahren», meinte Isabella Far, «und erzähle Ihnen noch etwas über den Ursprung des beklagenswerten Zustandes, in dem sich die Kunst heute befindet. Man darf nicht vergessen, dass das Publikum genug hatte von der übertriebenen Süsslichkeit, der geschmacklosen Anmut und falschen Schönheit, mit einem Wort von all diesem Kunst-*Ersatz*, den uns die Zeitenwende zum 20. Jahrhundert beschert hat. Schlaue Händler hatten begriffen, dass wirklich Hässliches bei diesen von falscher Schönheit Übersättigten gut ankommt. Diese gleichen Kunsthändler hatten überdies verstanden, welches Bedürfnis bei den Intellektuellen nach einem guten Vorwand bestand, um ihren Intellektualismus kundzutun, und dass diese alles verteidigt, ermutigt und unterstützt hätten, was ihnen diese Möglichkeit geboten hätte.

So hielten zwei Phänomene Einzug in die moderne Kunstwelt: die Kunsthändler, die bisher nur eine bescheidene Position ausfüllten, und die Kunstkritiker, die es gar nicht gab. Ein Sainte-Beuve, ein Diderot, ein Baudelaire und jüngst ein Guillaume Apollinaire waren Einzelfälle. Sie waren Dichter und Schriftsteller, die in ihre Bücher auch Ausführungen über die Malerei einfliessen liessen, vor allem über diejenige von Freunden, aber Kunstkritiker waren das nicht. Die Kunstkritiker dagegen, die mit der modernen Kunst auf den Plan traten, waren bis auf einige wenige Ausnahmen Schriftsteller, die es einfacher fanden, ihren Zeitgenossen Ratschläge zu erteilen und sie zu kritisieren, als selber ein gutes Buch zu schreiben und damit Erfolg zu haben.

Die verkannten Genies fanden so einen Weg, gelesen und gehört zu werden. Sie sind es, die vor allem zur Anarchie und zur Konfusion beigetragen haben, welche nun schon seit mehr als einem halben Jahrhundert in den Köpfen der Kunstliebhaber herrscht. Welcher seriöse und sich dessen bewusste Mensch würde sich da noch *die Rolle eines Kunstkritikers* zumuten?...

Von einem Meisterwerk lässt sich nur sagen, dass es ein Meisterwerk ist. Alles andere gehört zum Geheimnis des Malers, der es gemacht hat. Alles, was je über ein Meisterwerk gesagt wurde, ist nichts als Literatur und unnützes Geschwätz, das uns gar nichts anderes erklären kann, als das, was wir mit unseren eigenen Augen sehen. Von einem guten, aber nicht hervorragenden Gemälde lassen sich Qualitäten und Fehler mit wenigen Worten erklären, vorausgesetzt, man ist ein echter Kunstkenner, oder besser noch, ein talentierter Maler. Ein ganz und gar schlechtes Gemälde, wie fast alle Bilder, die heute gemacht werden, lässt sich mit einem einzigen Satz abtun: dass es nämlich besser gewesen wäre, es wäre gar nicht erst entstanden. Damit wäre alles gesagt, was dazu zu sagen ist, was für die Kunst und diejenigen, die sich damit beschäftigen, von einigem Nutzen sein könnte.

Aber, lieber Meister, anstatt darüber zu reden, was man sagen und schreiben sollte, unterhalten wir uns lieber darüber, was bisher gesagt und geschrieben wurde. Ich muss Sie vor allem auf etwas aufmerksam machen, das Sie übrigens schon längst selber festgestellt haben, die Kunstkritiker haben nämlich einen modernen Jargon entwickelt und können auf bestimmten heutigen Bildern, auf denen es absolut nichts zu sehen gibt, derart aussergewöhnliche Dinge sehen, dass die Alten Meister, hätten sie diese Ergüsse lesen können, zumindest eingeschüchtert gewesen wären. Sie hätten gewiss nie vermutet, dass es jemals so kompliziert sein würde, Gemälde zu betrachten; sie selbst dachten allenfalls, es sei schwierig, sie auszuführen.

Die Intellektuellen haben in den dunklen und hermetischen Ausführungen der Kunstkritiker das ideale Mittel gefunden, den Intellektualismus über die wahre und positive Intelligenz triumphieren zu lassen. So entstand der frenetische Drang des Intellektualismus, seinem okkulten, aber unerbittlichen Schicksal entgegen zu eilen und die absolute Stupidität zu erreichen, als einzigem Grund seines Daseins.

Der Intellektualismus hängt eng mit dem *Snobismus* zusammen, welcher in modernen Kunstkreisen ebenfalls ein neues und negatives Phänomen darstellt. Das Wort *Snobismus* leitet sich von *sine nobilitate* (ohne Adel) her. Als in England junge Leute aus dem

Volk begannen, ebenfalls Universitäten zu besuchen, wurde in den Registern hinter ihrem Namen *snob* (Abkürzung für *sine nobilitate*) hinzugefügt, um sie von den Studenten aristokratischer Herkunft zu unterscheiden. Diese Studenten, Söhne reicher und einfacher Leute, hatten keine tadellose Erziehung genossen und legten nicht selten ein lächerliches Benehmen an den Tag, ein Kennzeichen der Neureichen. Die skandalisierten Aristokraten nannten sie deshalb kurz und verächtlich *Snobs*. Dieses Wort haben sich die modernen Intellektuellen angeeignet, um damit den Gipfel an Raffinement zu benennen.

Die Weisen behaupten, dass die Wahrheit immer durchscheint und am Schluss auch siegen wird. Vielleicht war es die Wahrheit, welche die *Snobs* inspirierte, sich diesen wohlverdienten Titel zuzulegen. Fast alle Kunstkritiker haben sich beim Schreiben ihrer Artikel ausschliesslich mit einer Sache beschäftigt: der Öffentlichkeit ihre Fähigkeiten und Intelligenz unter die Nase zu reiben.

Sie haben den Dreh rausgefunden, ein solch dunkles Geraune zum besten zu geben, dass sie selbst am Schluss gar nichts mehr verstanden haben. Aus dieser völlig sinnlosen Phrasendrescherei ist teilweise die moderne Literatur entstanden, aber auch die Art und Weise zu erkennen, wie man sich in Intellektuellenkreisen auszudrücken und sogar zu denken pflegt, sofern da überhaupt noch von Denken die Rede sein kann.

Nimmt man an ihren literarischen Zirkeln teil, egal ob in unserem alten Europa oder in der Neuen Welt, die Unterhaltung, die Diskussionen und Ansichten sind stets die gleichen. Einer, der viel reist, glaubt zu träumen, wenn er zum Beispiel in New York genau den gleichen Satz über Malerei oder Literatur hört, den er schon zwei Wochen zuvor in Paris oder einer anderen europäischen Metropole vernommen hat. Die weltweite Übereinstimmung der *Snobs* macht eher den Eindruck von sprechenden Automaten als von lebendigen Wesen. Aber ein lebendiger Mensch, auch der simpelste, hat ein Gehirn, das funktioniert, wenn auch nur rudimentär. So eines zu besitzen, genau das scheint dem *Snob* jedoch strengstens untersagt.»

Isabella Far schwieg. Monsieur Dudron, der wieder zum Leben erwachte, gab mit enthusiastischen Worten seiner Bewunderung für die Richtigkeit und Klarheit ihrer formulierten Beobachtungen Ausdruck. Stets begierig, sich weiterzubilden, bat er sie, fortzufahren. «Ich möchte, gnädige Frau, noch wissen, wie es im modernen Leben zu dieser grossen Zahl, zu dieser Masse von Intellektuellen gekommen ist, wo es doch früher nur wenig wirklich überlegene Leute gab, die die Bezeichnung Intellektuelle verdienten, und die fürwahr ein Geistesleben führten?»

Isabella Far war der Frage von Monsieur Dudron aufmerksam gefolgt. Sie überlegte einen Moment lang und sagte dann: «Nun, Meister, ich denke, dies lässt sich folgendermassen erklären: Der Intellektuelle von heute ist insofern ein spezielles Phänomen, als er mit den Intellektuellen von früher gar nichts mehr gemein hat. Der Intellektuelle von heute ist nicht nur das Produkt des sozialen Fortschritts, sondern vor allem eines der Weltwirtschaftsentwicklung. Als die Adeligen nicht mehr die einzigen waren, die reich sein durften, kümmerten sich die Leute aus dem Volk, einmal zu Reichtum gekommen, ausschliesslich um die Äusserlichkeiten ihres Lebens. Das ist nur allzu logisch, wenn man bedenkt, dass diese einfachen Leute seit allzuvielen Generationen schon das elegante Leben und den Prunk der Adeligen und anderer herausragender Persönlichkeiten bewunderten.

Diese Neureichen, deren Bildung mehr war, als nur elementar, nahmen ausschliesslich die Äusserlichkeiten des Lebens, das die Adeligen führten, wahr. Sie sahen nur den Luxus, die Annehmlichkeiten und Belustigungen, die für sie zum Vorbild wurden. Sie glaubten, übrigens fälschlicherweise, dass die Adeligen ihre Vorzugsstellung ausschliesslich dem Luxus und den Amüsements zu verdanken hätten. So versuchten die neuen gesellschaftlichen Klassen, ihren Reichtum in aufwendiger Kleidung, mit Pferden und Automobilen, kurz durch einen eleganten und beneidenswerten Lebensstil zu demonstrieren.

Mit der Zeit fing diese neue Klasse von Geschäftsleuten und später von Industriellen an, ihre Bildung zu forcieren, da ihre Geschäftstätigkeit einen gewissen Grad von Bildung erforderte. Sie begründeten auch ein *gesellschaftliches Leben*, das sie demjenigen der adeligen Klassen anzugleichen suchten. Dennoch blieben ihre Anstrengungen zunächst auf einen eleganten Lebensstil und andere Äusserlichkeiten ihres Lebens beschränkt.

Mit der rasanten Entwicklung von Handel und Industrie kamen immer mehr Leute in den Genuss materiellen Wohlstandes. Es gab immer mehr Leute, die in Saus und Braus lebten. Man gewöhnte sich daran. Folglich mussten neue grosse Vermögen her und es bedurfte aussergewöhnlicher Anstrengungen, wollte man Eindruck machen. Grosse Vermögen aber waren selten, während andererseits die Zahl derjenigen beständig stieg, die ihresgleichen zu übertreffen suchten. So kam es, dass man sich wieder an die geistigen Fähigkeiten erinnerte, die vielleicht imponieren und in den Augen der anderen Eindruck schinden konnten. Gegen Ende des 19. Jahrhunderts machte sich ein leidenschaftliches Interesse an der Intelligenz bemerkbar, das sich im folgenden Jahrhundert weiter verbreitete. Wobei unter Intelligenz hier nicht eine höhere Qualität des menschlichen Geistes zu verstehen ist, sondern vielmehr ein für überhebliche und im Grunde genommen dumme Leute nützliches Mittel, aussergewöhnlich zu erscheinen. Das, Meister, sind die Wurzeln des modernen Intellektualismus.»

Isabella Far schwieg. Monsieur Dudron bedankte sich herzlich bei ihr für die ausserordentlich wertvolle Aufklärung. Nochmals machte er ihr von ganzem Herzen Komplimente für ihre wirklich erstaunliche philosophische Intelligenz und ihren wachen und kritischen Geist, sowie ihre aussergewöhnliche Fähigkeit, logisch und zugleich kritisch zu denken.

Es begann, dunkel und feucht zu werden. Galant reichte Monsieur Dudron Isabella Far seinen Arm und begleitete sie unter wiederholten Komplimenten, sogar für ihren Namen, nach Hause. «Schauen Sie, gnädige Frau», sagte er, «Ihr Name hat etwas Programmatisches, Prophetisches. Im Französischen klingt er wie *phare, Leuchtturm,* und lässt an das Licht denken, das den heimkehrenden Schiffen den Weg in den Hafen weist. Auf Englisch bedeutet er *entfernt* oder *weit weg.* Tatsächlich gehen Sie mit Ihren Ausführungen weit, ziemlich weit sogar, doch immer mit der überwältigenden Logik, die das Privileg überlegener Geister ist.»

Darauf schickte sich Monsieur Dudron an, selbst heimzukehren. Er war fast zu Hause angelangt, als er den Weg eines Freundes kreuzte, es handelte sich diesmal um einen seriösen Künstler, einen Bildhauer, der dank unermüdlicher Arbeit zu einer äusserst angesehenen Stellung gekommen war. Allerdings hatte er eine Manie, eher eine Schwäche, und das war das Billardspiel. Seine Schwäche lag aber weniger in der Leidenschaft für dieses Spiel, als in der Verbissenheit seiner Anstrengungen, sich für einen Meister auszugeben, für einen Virtuosen des Billard, während er in Wirklichkeit nur ein ziemlich mittelmässiger Spieler genannt werden konnte. Monsieur Dudron pflegte ihn deshalb auf den Arm zu nehmen, und an diesem Abend, da er ihm zufällig begegnet war, fing er wieder damit an, um zu folgendem Schluss zu kommen: «Mein lieber Freund, Ihr Fall erinnert mich an einen meiner Freunde, der vor einigen Tagen weggezogen ist, um sich im Ausland niederzulassen. Er war wie Sie ein talentierter Künstler und einer der seltenen Menschen, die heute noch wissen, was Malerei ist. Seine ganze Liebe jedoch verwendete er auf die Kunst des Kochens. Er rühmte sich, kochen zu können und behauptete stolz, ein besonderes Talent für die Zubereitung von Spaghetti oder Mayonnaise zu haben. Wenn aber seine Spaghetti oder die Mayonnaise misslangen, ergriff ihn eine solche Hysterie, eine solche Wut und Verzweiflung, dass sich das, was er beim Misslingen eines seiner Bilder nach mehreren Monaten Arbeit empfand, daneben wie ein Kinderspiel ausgenommen hätte. Wenn Sie Zeit haben, mich zu begleiten, erzähle ich Ihnen zwei amüsante Geschichten über diesen Herrn.»

Ganz angetan von der Aussicht, Monsieur Dudrons lustige Geschichten zu hören, schlug der Bildhauer sogleich vor, ihn bis zu seiner Haustüre zu begleiten, denn stets waren die Erzählungen des Monsieur Dudron äusserst unterhaltsam. Er hatte einen ausgesprochenen Sinn für Humor und konnte gut erzählen. Sie machten sich auf und zogen Seite an Seite gemessenen Schrittes los, als Monsieur Dudron schliesslich begann: «Einige Monate vor seiner Abreise begegnete ich meinem Freund in der Galerie eines Kunsthändlers, und er sagte zu mir: ‹Wenn Du nichts dagegen hast, komme ich morgen mit meiner Frau zu Dir und koche Dir einen Teller Spaghetti; Du weisst, das ist meine Spezialität. Bereite nichts anderes vor, denn wenn man einen Teller auf meine Art zubereiteter Spaghetti gegessen hat, ist man mindestens zwei Tage lang satt!› Am nächsten Tag traf er schon zwei Stunden vor der vereinbarten Zeit mit seiner Frau bei mir ein. Ich hatte dafür gesorgt, dass zwei Pakete Spaghetti der besten Qualität, ferner Reibkäse und Butter auf meinem Küchentisch bereit lagen.

Mein Freund zog zuerst das Jackett aus und begann, seine Ärmel hochzukrempeln. Danach fragte er nach einer Pfanne. Ich zeigte ihm diejenige, in der ich selbst Spaghetti zu kochen pflegte. Darauf fing mein Freund an, laut und heftig zu protestieren und unter sardonischem Gelächter entfuhr es ihm: ‹In einer solchen Pfanne lässt sich nichts Gutes kochen, das Wichtigste für das Gelingen eines Tellers Spaghetti ist das Fassungsvermögen der Pfanne. Damit die Spaghetti nicht zusammenkleben und einen weichen und homogenen Klumpen zu bilden beginnen, müssen sie in viel Wasser kochen können. Sie müssen im sprudelnden Wasser frei wie die Fische in einem Aquarium schwimmen können. Jeder Spaghetto muss während des Kochens selbständig schweben, an die Oberfläche steigen, wieder tauchen, den Boden berühren oder sich zwischen zwei Wasserströmungen fortbewegen können, kurz, sich in völliger Freiheit bewegen können, ohne mit jeder Bewegung zu riskieren, an anderen Spaghetti, seinen Brüdern, kleben zu bleiben, und dafür ist eben ein grosses Gefäss vonnöten.›

Nachdem er so gesprochen hatte, und ohne abzuwarten, ob ich etwas dazu zu sagen hätte, fing er an, nach einer anderen Pfanne zu suchen. Seine Wahl fiel auf einen riesigen Blechkübel, dessen Zweck eher undefinierbar genannt werden muss, verglichen mit den anderen Küchengeräten. In mir begann sich der schreckliche Verdacht zu regen, dass dieser Kübel einst zum Waschen schmutziger Wäsche gebraucht worden war, doch ich schwieg und versuchte an etwas anderes zu denken. Mein Freund füllte ihn bis zum Rand mit Wasser, so dass er beinahe überlief, und stellte ihn unter unerhörter Kraftanstrengung und begleitet von schrecklichen Grimassen auf den Gasherd, denn der volle Kübel stellte ein ordentliches Gewicht dar, wobei er riskierte, die Flamme zu ersticken. Wir warteten, während Stunden verstrichen.

Mit seiner Uhr in der Hand und starr auf die Oberfläche des Wassers gerichtetem Blick glich mein Freund einem Erfinder oder einem jener Helden der Wissenschaft, deren Porträts im zweiten Teil des *Petit Larousse Illustré* abgebildet sind. Er schien den Verlauf eines Experiments von kapitaler Bedeutung zu verfolgen und die Entstehung einer dieser Erfindungen zu überwachen, die das Leben der Menschen von Grund auf verändern.

Doch das Wasser wollte immer noch nicht kochen. Die Uhr des Wohnzimmers schlug neun. Ziemlich unruhig geworden ging mir durch den Sinn, dass ich meistens um acht Uhr zu Abend speiste. Gelegentlich lief ein Zucken über das Gesicht meines Freundes, aber er konnte sich beherrschen und nahm eine harte und unerbittliche Haltung an. Er versuchte etwas gegen die beim Warten entstandene tragische Atmosphäre zu unternehmen und holte sich das Salz aus dem Küchenschrank. Ich beobachtete, wie er eine winzige Prise Salz ins Wasser gab, die kaum für ein Likörglas gereicht hätte. Ich sagte ihm das taktvoll und vorsichtig. ‹Nein›, gibt mir da mein Freund im Ton eines Vollblutprofi zurück, der seines Tuns sicher ist und von Laien keine Kritik erträgt – ‹nein›, wiederholte er, ‹es ist ein grosser Irrtum zu glauben, dass das Salz den Geschmack der Speisen verstärkt. Es ist absolut falsch, zu denken, eine stark gesalzene Speise sei schmackhafter als eine wenig oder gar nicht gesalzene.› Und so als wolle er mir ein wichtiges Geheimnis anvertrauen, raunte er mir ins Ohr: ‹Man muss den Lebensmitteln ihren normalen und natürlichen Geschmack belassen; das ist ein Grundsatz jeglicher Kochkunst.›

Die Uhr schlug zehn. Gegen halb elf begann das Wasser zu kochen. Mein Freund beeilte sich, die Spaghetti ins Wasser zu geben, worauf das Sprudeln sofort aufhörte. Später fing das Wasser wieder zu sprudeln an, allerdings weniger laut. Jetzt machte sich mein Freund an eine andere Aufgabe. Mit einer Gabel fischte er von Zeit zu Zeit einen Spaghetto heraus, zog ihn aus dem Wasser, besah ihn von nahem, steckte ihn in den Mund, und begann, wie ein Önologe beim Degustieren des Weines einer bedeutenden Kellerei, mit abwesendem Blick zu kauen. Oder er nahm den Spaghetto zwischen Daumen und Zeigefinger, presste ihn langsam und immer stärker zusammen, zog dann seine Finger ruckartig zurück und prüfte, ob die Pasta die richtige Konsistenz habe. Nach einigen weiteren komplizierten Operationen kündigte er schliesslich in einem feierlichem Ton an, dass die Spaghetti nun gekocht seien und man sich zu Tisch setzen könne. Die Esszimmeruhr schlug elf. Inzwischen hatte die Frau meines Freundes dem Knurren ihres Magens nicht widerstehen können und fast den ganzen Käse gegessen, den sie im Küchenschrank vorfand.

Man setzte sich zu Tisch. In der Schüssel dampften die Spaghetti, die einen herrlichen, kompakten und gleichmässigen Klumpen bildeten. Ich versuchte mit Löffel und Gabel ein Stück davon für die Frau meines Freundes abzutrennen. Doch als dieser meine Anstrengungen sah, wurde er auf einmal ganz bleich, seine Hände fingen an zu zittern und alle seine Gesichtsmuskeln verzogen sich zu einer unsäglichen Grimasse, die Wut, Trotz und Angst ausdrückte. Es war ein Desaster. Der Spaghettiklumpen war so kompakt, dass es eine ganze Weile dauerte, bis ich ein Stück davon abtrennen konnte. Dazu war der Reibkäse an einigen Stellen zusammengepappt, während er an anderen wiederum ganz fehlte. Der fade Geschmack dieser weisslichen und heissen Masse überstieg jede Vorstellung. Mein Freund litt Höllenqualen. Nach allen getroffenen Vorsichtsmassnahmen, nach allen verkündeten Theorien empfand er das vorliegende Ergebnis als unendliche Schmach und demütigte ihn zutiefst. Ich denke, er wünschte sich in diesem Augenblick weit weg von hier, tief im Innern der Erde. Am liebsten wäre es ihm gewesen, wenn sich zwischen ihm und mir die unendliche Weite der afrikanischen Wüste aufgetan hätte, grenzenlose Ozeane oder unüberwindliche Gebirgsketten, und dann Wälder, Wälder und nochmals Wälder, undurchdringliche Wälder!

Die Frau meines Freundes ass kaum etwas von diesen Spaghetti. Ich selbst versuchte aus lauter Takt ein wenig davon und auch, um meinen Freund zu trösten. Ich sagte ihm, wenn die Spaghetti nicht ganz gelungen seien, könne dies auch am Wasser liegen. Ich fügte hinzu, dass es Regionen gebe, in denen sich das Wasser für gute Spaghetti besonders eigne, und dass gute Wasserqualität auch ihren Nährwert erhöhe. Doch mein Freund hörte mir gar nicht zu.

Von dieser Katastrophe ganz niedergeschlagen konnte er kaum ein Wort artikulieren und sein Kinn zitterte, als habe ihn das Sumpffieber befallen. Unter dem Vorwand, dass er sehr müde sei und am nächsten Morgen schon früh aufstehen müsse, warf er mir einen Gruss zu und machte sich, seine Frau vor sich her schiebend, steifen Schrittes wie ein Schlafwandler davon, wie jene Figur des Alten Testamentes, der Gott befohlen hatte, loszugehen, ohne rückwärts zu schauen.»

Der Bildhauer hatte während der ganzen Zeit, da Monsieur Dudron die Spaghetti-Geschichte erzählte, nicht aufgehört, schallend zu lachen. Er gratulierte Monsieur Dudron für seinen sprühenden Witz und seine aussergewöhnliche Begabung, Geschichten zu erzählen. Aber er erinnerte ihn jetzt daran, dass er ihm zwei Geschichten versprochen habe und dass er ihn nicht eher verlassen würde, bis er auch die zweite gehört habe. Monsieur Dudron erfüllte seinen Wunsch und begann von neuem: «Die zweite Geschichte handelt ebenfalls von meinem Malerfreund; sie ist zwar kürzer als die erste, ihr Ausgang ist aber dramatischer. Diesmal geht es um die Zubereitung einer Mayonnaise. Mein Freund hatte einige Monate nach der Spaghetti-Geschichte ein altes heruntergekommenes Schloss gemietet, um dort den Sommer zu verbringen. Eines Tages lud er mich zum Essen ein.

Es war im Juli und die Hitze unerträglich. ‹Ich werde Dir eine Mayonnaise bereiten›, sagte er, ‹Du weisst, das ist eine meiner Spezialitäten; eine gute Mayonnaise zu machen und darin jene seltene Perfektion zu erreichen, die das vollkommene Gelingen dieser klassischen Sauce garantiert, ist ein echter Kraftakt, in welchem ich Meister bin. Mehr will ich Dir nicht sagen. Wenn Du übermorgen zum Abendessen kommst, wirst auch Du von meiner Mayonnaise begeistert sein!›

Am vereinbarten Tag und zu vereinbarter Stunde traf ich bei meinem Freund ein. Das heruntergekommene Schloss, das er gemietet hatte, lag inmitten einer ausgedorrten Landschaft. Die Hitze war erstickend. Nicht weit davon entfernt befand sich ein Gebäude, in dem man menschliche und tierische Exkremente zu Dünger für die Landwirtschaft verarbeitete. Vom heissen Südwind aufgewirbelt drangen von Zeit zu Zeit unerträglich stinkende Schwaden herüber.

Ich fand meinen Freund in einer Art Loggia, wo er sich in der Nähe eines Tisches im fahlen Licht einer Azethylen-Lampe eingerichtet hatte, die ebenfalls einen wenig angenehmen Duft verbreitete. Auf dem Tisch befanden sich Näpfe, Saucenschüsseln, Teller, Flaschen und Eier. Mein Freund empfing mich mit der Miene eines schwer beschäftigten Mannes, der keine Zeit zu verlieren hat: ‹Ich bereite mich auf die Zubereitung der Mayonnaise vor, was eine sehr delikate Operation ist, aber Du wirst sehen, es wird ein Meisterwerk!›

Ich näherte mich dem Tisch in Vorahnung einer Katastrophe. Mein Freund schlug die Eier in einen Napf und begann tropfenweise Olivenöl dazu zu geben und mit einer Gabel darin zu rühren: ‹Es handelt sich um das Prinzip der Emulsion›, sagte er, ‹Du kennst das von der Malerei, die Emulsion ist ein *Medium* der Malerei, die es ermöglicht, die Materie pastos und geschmeidig zu machen, kurz ihr jenes mysteriöse Aussehen und jenen Zauber zu verleihen, den die Alten Meister beherrschten, die Maler von heute aber vollständig vergessen haben. *In emulsione veritas.*› Aber ich merkte, wie er immer sorgenvoller in die Mayonnaise blickte. Er hielt einen Augenblick inne, begann dann in der Mischung herumzustochern, beugte sich über den Napf, um genauer hinzuschauen, und fing von neuem an, das Ganze mit der Gabel zu schlagen. Bares Entsetzen zeichnete sich jedoch auf seinem Gesicht ab. Ich trat näher hinzu, um das genauer anzusehen, und erblickte im Napf eine Art gelbliche Flüssigkeit, in der helle Klumpen wie geronnene Materie herumschwammen, die winzigen *icebergs* in einem safrangelben Meer glichen. Mein Freund gab auf. ‹Es ist nichts zu machen›, sagte er mit einer vor Betroffenheit belegten Stimme, ‹wir müssen wieder von vorne anfangen; es ist die Hitze, die mir übel mitgespielt hat. Selbstverständlich muss ein kaltes Klima oder kalte Jahreszeiten herrschen, damit solche Operationen gelingen. Doch Du wirst sehen, es wird mir gelingen. Man soll im Leben nie verzweifeln und wir Künstler müssen immer darauf bedacht sein, mit einem Beispiel des guten Willens, der Geduld, der Beharrlichkeit und des Mutes voranzugehen.›

Nach diesem kleinen Vortrag nahm er einen neuen Napf, rief nach der Magd und wies sie an, ihm anderes Öl von besserer Qualität zu bringen. Sie brachte eine neue Flasche herbei. Er begann von neuem, und redete nebenher als spräche er zu sich selber: ‹Die Qualität des Öls ist sehr wichtig. Sehr wichtig. Man kann nicht genug betonen, wie wichtig das Öl für das Gelingen einer Mayonnaise ist.›

Während er so daherredete, sah ich wie sein Gesicht wieder anfing, sich zu verkrampfen. Ich tat einen Blick in den Napf; die Sauce war dabei, sich zu zersetzen; mit dem Schlagen der Gabel traten grosse Klumpen geronnener Flüssigkeit an die Oberfläche. Ich sah, wie mein Freund schrecklich erbleichte, mit einem Röcheln die Gabel auf den Tisch fallen, und seinen Kopf mit einer Geste der Erschöpfung und Resignation auf die Brust senken liess: der Geste des Helden, *der aufgibt*. Aber er fasste sich sogleich wieder und rief: ‹Ich begreife nun alles; wie konnte ich das nur vergessen; es liegt gewiss an den Eiern, in diesen Hundstagen braucht es ganz frische Eier! Svetonia! Svetonia! (so hiess die Magd), holen Sie mir heute, wenn möglich sogar heute Nachmittag gelegte Eier.›

Die Magd eilte in den Hühnerhof. Man hörte das Schnattern und Gackern von Geflügel, das aus dem Schlaf gerissen wird. Kurz darauf tauchte sie mit schmutzigen Eiern auf, an welchen Strohhalme im Dreck festklebten. Mein Freund machte sich wieder an die Arbeit. Diesmal ging er bedächtiger vor; seine Bewegungen hatten etwas Hierarchisches; man spürte, dass es das letzte Mal sein würde. Die Szene erlangte die Grösse einer griechischen Tragödie. Während er seine Operationen vornahm, sprach er, die Augen starr auf den Napf gerichtet, wie im Traum: ‹Es waren die Eier; es waren die Eier, die nicht frisch genug waren.› Auf seinem Gesicht verfolgte ich den weiteren Verlauf. Auf einmal sah ich, wie er am ganzen Körper zu zittern anfing. Ich warf einen Blick in den Napf. Grösser als je zuvor waren die *icebergs* wieder aufgetaucht. Mein Freund brach den Vorgang ab. Gerade in diesem Augenblick verbrannten sich einige grosse Nachtfalter die Flügel an der Azethylen-Lampe und fielen in die zersetzte Mayonnaise, wo sie wie Wildenten, die ein Jäger erlegt hatte, im Wasser um sich schlugen. Das war der Gipfel. Ich hörte etwas, das nach einem Schluchzer klang und mein Freund fiel steif der Länge nach auf die Fliesen der Loggia. Glücklicherweise befand sich in diesem Moment ein Strohsessel genau hinter ihm, so dass er zumindest nicht mit dem Kopf direkt auf den Stein aufschlug. Die Magd, welche der Szene beigewohnt hatte, stiess einen Schrei aus, woraufhin die Frau meines Freundes aus dem Salon eilte. Wir stürzten alle herbei und legten ihn zu dritt auf sein Bett. Er hatte das Bewusstsein vollständig verloren. Ein schnellstens herbeigerufener Arzt leistete erste Hilfe. Ungefähr drei Viertelstunden später kam er wieder zu sich. Der Arzt blieb noch lange, nachdem mein Freund wieder zu sich gekommen war, bei ihm und empfahl, das Kochen sein zu lassen. Solche Krisen würden immer komplizierter und die Gefahr eines fatalen Ausgangs sei dann nicht mehr ganz auszuschliessen.»

Der Bildhauer bog sich vor Lachen. Inzwischen waren sie vor Monsieur Dudrons Haustüre angelangt. Sein Freund wünschte ihm eine gute Nacht und bedankte sich herzlich für die Spaghetti- und die Mayonnaise-Geschichte.

«Ja, das ist nun mal so», sagte sich Monsieur Dudron beim Betreten seiner Wohnung, «es gibt Leute, die ihre ganze Selbstliebe in kleine Dinge stecken, in unbedeutende Angelegenheiten des Alltags. Auch ich mag es nicht, wenn man mir sagt, ich sähe aus wie ein milder, ungefährlicher und sentimentaler Mensch. Ich würde es vorziehen, dass man mir sagte, ich gliche einem Krawallmacher oder einem Banditen aus dem Wilden Westen. Trotzdem geht meine Enttäuschung nicht so weit, dass ich ihretwegen einen Hysterieanfall erleide und steif auf den Rücken falle. Alles hat seine

Grenzen, Teufel noch mal. Ich weiss, das ist traurig, sehr traurig sogar. Denn unter dieser Geschichte kommt etwas Sinnloses, Verrücktes, Unlogisches zum Vorschein, und obwohl das alles psychologisch einigermassen verständlich erklärt werden kann, kommt man nicht umhin, zutiefst enttäuscht zu sein. Warum sind denn anscheinend so ähnliche Menschen im Grunde so verschieden? Es ist Schicksal, es ist immer das Schicksal, das ewig gleiche Schicksal, mit dem man alles zu erklären sucht.»

Das Wort «Schicksal» liess Monsieur Dudron wieder zu persönlichen Dingen zurückkehren, und so überlegte er sich, dass es ja vielleicht auch das gleiche Schicksal sei, das ihn eines schönen Morgens mitten im Sommer in der Frühe einem der erstaunlichsten Schauspiele seines Lebens beiwohnen liess, das ansonsten schon nicht arm an Abenteuern und Schauspielen gewesen war. Er erinnerte sich, dass ihn die Schlaflosigkeit an jenem Morgen lange vor Sonnenaufgang aus dem Bett vertrieben und er beim Aufstehen das vage Gefühl hatte, schon die Alten Römer zur Zeit der Republik, aber auch während des Kaiserreichs hätten Empfindungen gehabt und Gerüche wahrgenommen, so wie Monsieur Dudron in diesem Augenblick...

Es war an einem hellen und warmen Morgen im Spätsommer. Er war zur Stadt hinaus spaziert und befand sich jetzt an einem Waldrand. Die Sonne, die eben über dem Horizont aufgestiegen war, warf ihre Strahlen senkrecht in den Himmel hinauf. Diese drangen durch die Baumstämme in den Wald ein. Das Sonnenspektrum spannte sich wie ein Netz aus lauter Sechsecken von Baum zu Baum. Auf einigen Stellen lag leichter Nebel. Geflügelte Insekten sirrten wie winzige Helikopter unbeweglich über dem Boden. Es war still. Nicht ein Vogellaut war zu hören.

Vor Monsieur Dudron erhob sich ein grosser Käfig auf sechs Rädern, darin drei sitzende Löwen, die aufmerksam geradeaus schauten. Man hatte sie für den Jahrmarkt hierher gebracht, der schon bald beginnen sollte. Dieser Käfig war vor den andern angekommen. Ringsum lagen die in Einzelteile zerlegten Budenwände noch am Boden herum. Der Besitzer war nicht da und vermutlich zur Polizei oder zur Stadtverwaltung gegangen, um eine Standbewilligung zu beantragen. Die Löwen waren allein. Um die Luft im Käfig besser zirkulieren zu lassen, waren die Bretter entfernt worden, so dass man die Gitterstäbe des Gefängnisses sehen konnte.

Alle drei lehnten sich an die Rückwand des Käfigs, als spürten sie, dass es hier am sichersten für sie war. Der grösste und wahrscheinlich auch älteste von ihnen neigte seinen schweren Kopf nach vorne, zog die Augenbrauen seines strengen Löwengesichtes hoch und starrte in den vor ihm liegenden Wald auf einen Punkt, von dem aus sich der Raum unter den Bäumen im Unendlichen verlor... Dieser Löwe da stellte sich unter dem Mysterium des Waldes auf der anderen Seite des Käfigs ungefähr so viel vor wie ein Vorortslöwe von seinem Vorstadtrevier. Dass es nämlich für ihn ein schlechter Ort sein müsste, wo von jedem Ast ständig ein Peitschen- oder Geisselhieb zu erwarten ist. Der alte Löwe ahnte vielleicht, dass es in der freien Wildbahn von perfiden zweibeinigen Dompteuren nur so wimmelte, jederzeit bereit, ihm mit brachialer Gewalt Fratzen vor den Rachen zu werfen, denen er selbst an einem einsamen und verlassenen Ort wie diesem nicht hätte begegnen wollen...

Rechts vom Käfig breitete ein Kloster für Waisenmädchen auf einer leichten Anhöhe seine Fassade aus wie eine grosse Volière. Sogar in dieser Ferienzeit wurden hinter diesen Mauern junge Mädchen festgehalten, die keine Eltern oder Freunde mehr hatten.

Monsieur Dudron erinnerte sich, dass eine undefinierbare Melancholie in der Luft gelegen hatte. Es war so etwas wie ein graues Gefühl, etwas befremdend Neutrales, das mit dem Dunst aufstieg und sich in der Stille des Morgenlichts verbreitete. Es herrschte eine merkwürdige Stimmung an diesem vorläufig noch verlassenen Ort, wo ausschliesslich Jungfrauen und Löwen in Gefangenschaft lebten.

Während er sich dieses Bild in Erinnerung rief, blieb Monsieur Dudron noch kurze Zeit nachdenklich stehen, worauf er ganz automatisch begann, sein Bett für die Nacht zu bereiten. Er stellte das unentbehrliche Glas Wasser zusammen mit einer Schachtel Streichhölzer, einer Kerze und seiner Uhr auf den Nachttisch. Dann zog er sich aus und legte sich zu Bett.

Monsieur Dudron war müde geworden. Sein Tag war streng gewesen, und nun empfand er ein grosses Vergnügen, sich genüsslich in seinem Bett auszustrecken. Er hatte die Gewohnheit, sein jüngstes Bild, an dem er gerade arbeitete, auf die Staffelei zu stellen. Dieses zeigte diesmal einen Mann von stolzem und barbarischem Äusseren, der bis zum Kinn in einen langen schwarzen Mantel gehüllt war und ein kleines muskulöses Pferd mit langer Mähne ritt. Rings um den Reiter war eine unberührte Natur mit Felsen und dunklen Tannen zu sehen. Monsieur Dudron hatte diesem noch unvollendeten Bild schon einen Titel gegeben und es *Annibal* getauft. Nun, da er Pfeife rauchend in seinem Bett lag und es anschaute, verlor er sich in Träumereien, während er fühlte, wie die Nebel des willkommenen Schlafs über seine Gedanken und Bilder strichen, die sanften Nebel des süssen Schlafs, der sowohl die Mühen des Tages als auch die Gedanken der Sterblichen vergessen liess... Annibal!... so hiess ein Coiffeurgehilfe, den Monsieur Dudron seit vielen Monaten schon mit der Geduld eines alten Pädagogen versuchte, dazu zu erziehen, ihm die Haare so zu schneiden, wie er es wünschte, das heisst nicht zu kurz, mit einem Seitenscheitel und seitwärts über die Stirn gezogener Haarlocke, und vor allem ohne am Ende der Prozedur zu fragen, ob noch eine Friktion gewünscht würde. Das war wirklich keine leichte Sache, seinen Coiffeurgehilfen dazu zu erziehen. Man glaubt nicht, wie viel Zeit es kostet, einen Coiffeurgehilfen dazu zu bringen, dass er Ihnen die Haare nicht zu kurz schneidet und Sie nach dem Haarschneiden nicht fragt, ob Sie noch eine Friktion oder andere Lotionen wünschen. Manchmal kam es vor, dass Monsieur Dudron nach dem Jahr, das es gedauert hatte, einen Coiffeurgehilfen daran zu gewöhnen, ihm die Haare so zu schneiden, wie er, Monsieur Dudron, es sich wünschte, die Stadt verlassen und den Wohnsitz wechseln musste. Dann war er gezwungen, am neuen Ort, bei einem neuen Coiffeur, mit allem wieder von vorne anzufangen. Es war zum Verzweifeln!

Monsieur Dudron hatte es sich zur Gewohnheit gemacht, am frühen Dienstagnachmittag zum Coiffeur zu gehen, und weil es zu dieser Zeit im Allgemeinen nicht viele Kunden gab, konnte er dann sofort bedient werden. Um diese Zeit blieben die Gehilfen, die sich um niemanden kümmern mussten, sitzen; sie gähnten, rauchten und lasen die Zeitung. Jedesmal, wenn Monsieur Dudron auftauchte, erhob sich dann der Gehilfe mit dem Namen Annibal und bat ihn, auf dem Operationssessel Platz zu nehmen. Das erinnerte Monsieur Dudron dann stets an die Szene, die sich im Bordell abspielte, das er wie den Coiffeur ebenfalls regelmässig an einem Wochentag und in den ersten Nachmittagsstunden aufsuchte, da er

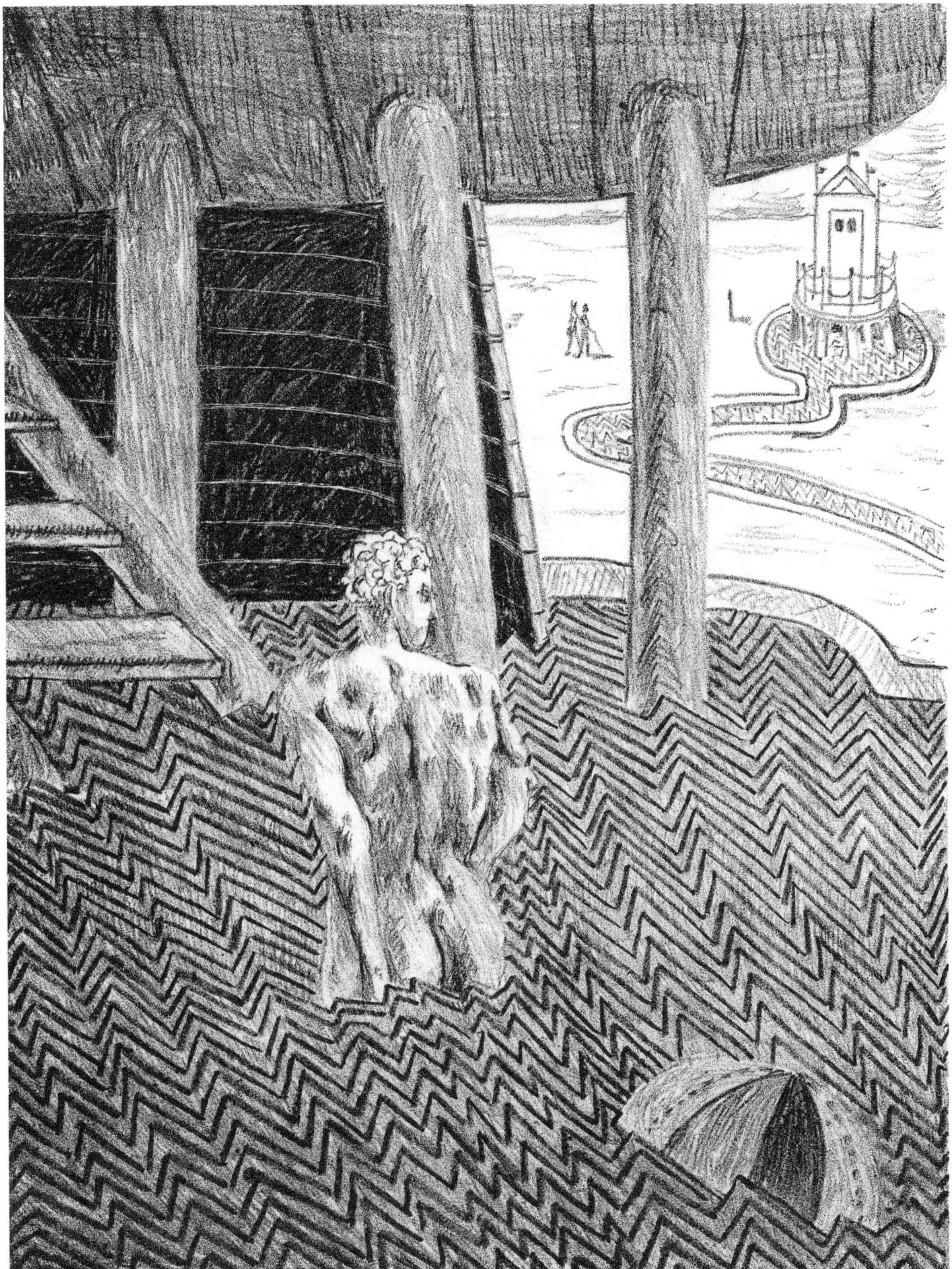

wusste, dass die Kunden zu diesem Zeitpunkt eher selten waren. Wenn er in der Türe erschien, erhob sich auch dort diejenige Pensionärin, mit der er es jeweils trieb, und stieg gähnend ihm voran die Treppe zur oberen Etage hinauf. Die Ähnlichkeit der beiden Szenen hatte in seiner sensiblen und empfindsamen Seele mit der Zeit ein konfuses und komplexes Gefühl hinterlassen. So kam es, dass ihm Annibal, der Coiffeurgehilfe, mit der Zeit seltsam erschien, dass er ihn mit der Zeit *verändert* wahrnahm. *Wenn ihm Annibal mit seinem Haarschneideapparat unablässig die Nackenhaare bearbeitete*, überkam Monsieur Dudron ein undefinierbares Unbehagen, eine seltsame Furcht, ja sogar ein ganz bestimmtes Schamgefühl. Er hatte das Gefühl, dass Annibal seinen Haarschneideapparat jeden Augenblick auf die Marmorplatte des Toilettentisches ablegen und ihm voran zur oberen Etage hinaufsteigen könnte, und dass er, Monsieur Dudron, ihm dann folgen würde...

Die Nebel des Traumes stiegen in seinem Kopf unaufhaltsam höher und höher. Die Bilder verschwammen und vermischten sich. Nur ein einziger Name klang deutlich in seiner Erinnerung nach: Annibal. Der grosse dichte Vorhang der Wirklichkeit und der Logik hob sich und gab den Blick auf die verwunschene Welt der Träume nach und nach frei. Monsieur Dudron hielt die Augen geschlossen, doch hatten sich in ihm andere Augen geöffnet. *Erstaunt und neugierig verfolgte er das sich ihm nun präsentierende Schauspiel.* Das Gemälde auf der Staffelei war genauso verschwunden wie die Zimmerwände und alles, was er gewöhnlich um sich herum erblickte, wenn er auf seinem Bett lag. Gebeugt unter der drückenden Last des Gepäcks kroch in einer unberührten Alpenlandschaft ein langer Zug von Menschen und Pferden mühsam den Berg hinan. Von Zeit zu Zeit ertönte in den dunklen Tälern das durchdringende Trompeten der Elefanten, in der feierlichen Stille der Alpen von den Bergen widerhallend. Ein Führer, ein General, stiess mit einem kleinen schwarzen und muskulösen Pferd zwischen seinen Schenkeln bald mit der Vorhut voran, bald hielt er an, um die erschöpften und verzweifelten Soldaten zu ermutigen, die sich auf die Steinbrocken gesetzt hatten, welche den Weg säumten. Manchmal suchte er auch von einem Felsen aus mit den Augen die schneeweissen Gipfel ab. Er schaute intensiv hin, als ob er wissen wollte, was sich hinter diesen einsamen Berggipfeln, diesen vollständig von Schnee bedeckten und von Wolken gekrönten Höhen verbarg, die sich so majestätisch und unerschütterlich wie gigantische Gottheiten vor ihm erhoben.

Dann brach die Nacht herein, tiefe, tiefe Nacht. Die Feuer der Biwak röteten den Himmel. Der General hörte versunken dem nostalgischen und traurigen Wechselgesang der jungen Söldner zu, die weit von hier in den armen Bergdörfern der Iberischen Halbinsel rekrutiert worden waren.

Als diese Klagegesänge verstummt waren, hörte er das Pfeifen des Windes bis zu ihm hinaufsteigen, der unten in den Schluchten und Tälern wütete. Er hörte das mysteriöse Raunen der tiefen Tannenwälder und das melodische Murmeln der Wildbäche, das zusammen mit der eiskalten Feuchtigkeit den dunklen Abgründen entstieg...

Als Monsieur Dudron erwachte, war es schon spät, so gegen elf. Trotz seines eindringlichen Traumes bereute er es, so lange geschlafen zu haben. «Wie auch immer», sagte sich Monsieur Dudron, «man lebt doch zum Teufel nochmal nicht von Träumen allein und muss doch auch an die Realität denken.»

Nun schlug die Uhr des Rathauses sogar schon halb zwölf. Monsieur Dudron dämmerte auf einmal, dass er ja kaum noch Zeit hatte, sich eiligst anzuziehen und auf den Bus zu springen, um in einer kleinen Kirche draussen vor der Stadt einer Messe beizuwohnen, die für das Seelenheil eines seiner Schüler, dem er früher an der Kunstschule Zeichenunterricht erteilt hatte, gelesen werden sollte. Als er noch lebte, nannten ihn seine Kameraden zum Spass *Monsieur Melon*, weil er viel von dieser kürbisähnlichen Frucht mit dem unverwechselbaren Duft sprach, die er zur heissen Sommerzeit so gerne verschlang. Dieser Jüngling aus eher bescheidenen finanziellen Verhältnissen war in einem Armenspital an den Folgen eines schlecht behandelten Typhusfiebers gestorben. Der Spitzname *Monsieur Melon* hatte ihn immer furchtbar irritiert und Monsieur Dudron erinnerte sich, wie der Jüngling einmal durchgedreht war, als ein in den Schulkorridoren hinter einer Mauer versteckter Kamerad nicht damit aufhören wollte, *Monsieur Melon, Monsieur Melon* zu rufen und ein allgemeines Gelächter der Schüler provozierte. Da zog er ein Rasiermesser aus der Tasche und warf sich mit weit aufgerissenen Augen und verzerrtem Gesicht auf ihn. Wer weiss, was da noch alles hätte passieren können, wenn der so unerwartet angegriffene Schüler sich nicht schleunigst aus dem Staub gemacht hätte. Erst kurvte er um die auf Holzsockeln längs der Korridorwände aufgestellten Gipsabgüsse und rannte dann unter den erstarrten und abwesenden Blicken immerzu lächelnder Götter wie Zeus, Juno oder Herkules davon. So gelang es ihm, seinem Angreifer zu entkommen und sich ins Anatomiezimmer zu flüchten, wo er den Schlüssel zwei Mal hinter sich im Schloss herumdrehte.

Die Erinnerung an all den Ärger und Schmerz, den sie ihm zu Lebzeiten bereitet hatten, war der Grund für die von später Reue ergriffenen Akademieschüler eine Messe für das Seelenheil ihres verstorbenen Kameraden lesen zu lassen. Dies sollte in einer von Olivenhainen umgebenen, kleinen Kirche ausserhalb der Stadt stattfinden.

Als Monsieur Dudron dort ankam, war der Gottesdienst schon fast beendet. Es war ein schöner, klarer und kalter Wintermorgen. Am Vorabend hatte es geschneit und der Boden war noch ganz weiss. Jungfräulich weisse Flecken hingen wie Wattebäuschchen an den Olivenbäumen, von denen einige irgendwann einmal vom Blitz getroffen worden waren. Diese hatten knorrige, auseinandergerissene Stämme und Brandspuren und erinnerten an die verdammten Seelen in Dantes *Inferno*. Sie weckten Vorstellungen von südlichen Landschaften und kontrastierten mit der nordischen, schneeweissen Landschaft und der schwarzgrauen Wolkendecke, unter welcher schwerfällige Krähen paarweise ihre Runden flogen und dann und wann mal aufkrächzten, was Monsieur Dudron immer schon gefallen hatte. Als die Messe aus war, verliessen die Schüler die Kirche, rieben sich vor Kälte die Hände und stülpten die Kragen ihrer Jacken hoch. Weil es schon längst zwölf geschlagen hatte, traten sie ein kleines Wirtshaus ein, assen dort gut gewaschenes, bitteres Gemüse an Olivenöl, gewürzt mit Salz und Zitrone, dazu Oliven und Schwarzbrot. Anschliessend tranken sie einen schwarzen Kaffee mit Anis, in den sie harte Biskuits tunkten. Obwohl karg, wärmte sie dieses Mahl auf und vermochte die melancholische Trauer zu vertreiben, in die sie während der Messe in dieser kleinen, inmitten schneebedeckter Landschaft verlorenen Kirche die Erinnerung an ihren verlorenen Kameraden gestürzt hatte; den Kameraden, der beinahe das Opfer ihres jugendlichen Übermuts geworden war. Auf einmal war da eine Gitarre, und nachdem sie durch verschiedene Hände gegangen war, blieb sie schliesslich bei einem Schüler hängen, der sie auch wirklich spielen konnte, und nun anfing, rhythmisch Akkorde anzuschlagen. Im Chor wurden nostalgische Liebeslieder angestimmt und alle gingen, der Gitarrist voran, hinaus ins Freie. Sie sanken im Schnee ein, hie und da war das Krächzen der Krähen zu hören. Dann verloren sich die Klänge der traurigen Liebeslieder in der Weite der stillen und kalten Landschaft.

«Weiss sind die Strassen vom Schnee
immer weiter geht die Reise
Liebchen halte unsre Liebe fest
Wie böse, böse ist die Welt!...»

Den Filzhut tief in die Stirn gezogen, den Mantel lose über die Schultern geworfen und mit beiden Händen in den Taschen des Jacketts, so ging Monsieur Dudron gesenkten Blickes und nachdenklich neben der singenden Gruppe einher. Er hatte das klassische Aussehen eines demokratischen Intellektuellen. Er erinnerte sich an sein vergangenes Leben und an die alten Zeiten und spürte, wie in ihm die vage Sehnsucht nach der Vergangenheit aufstieg, von der er manchmal heimgesucht wurde. Er sah sich selbst inmitten dieser farbenprächtigen Stadt, wie er einsam und allein versuchte, einem vergänglichen Ideal nachzuleben. Später dann in jener anderen, weissen und würdevollen Stadt, in welcher im Winter unter einem hellen Himmel südliche Gärten mit farbigen Orangen und Mandarinen aufleuchten, die sich wie an Ästen aufgehängte kleine Lampions vom dunkelgrünen Laubwerk abheben...

Die Strophen des Liedes flogen davon...

«Unsere Pein ist ihnen Freude
Unsere Tränen sind unser Schatz.»

Immer noch ging Monsieur Dudron neben der singenden Gruppe einher wie ein Korporal neben seinen Rekruten. So erreichten sie die Tore der Stadt. Der Tag ging zur Neige. Das Abendrot versprach für den morgigen Tag schönes Wetter. Er erinnerte sich an das Sprichwort *Abendrot Gutwetterbot*. Das stimmte ihn vage melancholisch, denn seine Seele war zutiefst empfindsam und nichts fürchtete er so sehr wie helle und sonnige Tage.

«Wenn die Sonne bei klarem Himmel strahlt», überlegte Monsieur Dudron, «erscheint unser Unglück schwerer. Wir steigen auf dieser unsichtbar im grenzenlosen Blau des Himmels zu einem Trapez führenden Leiter hinauf und sehen von dort aus auf die

Welt und das Leben, die wir besser als *unsere Welt* und *unser Leben* bezeichnen würden. Auf dieser unsäglich schwindelerregenden Schaukel stürzen wir uns ins Leere, und mit jedem neuen Schwung spüren wir die Leere im Magen und der Schwindel zieht unsere Sinne zusammen, und immer höher geht's, vorwärts, rückwärts und immer tiefer, vorwärts und rückwärts. Die vergangenen Jahre und die zukünftigen Jahre, das ist doch heller Wahnsinn, das Mass der Zeit. Doch wenn ich in den schlaflosen Stunden gegen Ende der Nacht höre, wie die schweren Wagen der Müllabfuhr vor den Haustüren anhalten, um den Abfall wegzukarren, dann glaube ich in diesem Lärmen manchmal so etwas wie ein fernes Echo der Ewigkeit zu vernehmen, wohl die Konsequenz meines unbefleckten Innenlebens. Und ihr, all die treuen Hausangestellten, ihr wart meine ersten Lehrmeister, die ersten, die mich auf die Kunst, die schöne Malerei, die Liebe und das Rauchen gebracht haben, seid gebenedeit! Wenn ich euch auch niemals zurückgeben kann, was ihr mir gegeben habt, wenn ich euch, um meine Dankbarkeit auszudrücken, auch nie an einem Sonntagnachmittag ins Theater einladen kann, um auf der Bühne den Teufel mal im Kostüm zu sehen, wie er in einem Zimmer mit einem Karabiner um sich ballert, dann das Fenster aufreisst, um sich ins Leere zu stürzen, wie ein Badender ins Wasser – niemals werde ich euch nach der Vorstellung in ein Café einladen können, um eine Tasse Schokolade mit Schlagsahne und eine heisse Brioche zu offerieren. Doch seid mir nicht böse, wenn ich das alles niemals werde tun können. Seid mir nicht böse, ihr werdet nämlich in dieser traurigen Unmöglichkeit den Preis erkennen, den ich dem Schicksal für die unschuldigen und reinen Freuden bezahle, die ich in eurer Gesellschaft genossen habe, und für die neuen Horizonte, die sich seither meinen staunenden Dichter- und Denkeraugen geöffnet haben.»

Als sie beim Haupttor zur Stadt angekommen waren, verabschiedete sich Monsieur Dudron von seinen Schülern und kehrte nach Hause zurück. Verschiedene Gedanken strichen ihm durch den Sinn, die alle mit der Malerei zu tun hatten. Es ging ihm um das Mysterium, ihren Ursprung ergründen zu wollen. Er sah in seinen Notizbüchern und Exzerpten nach, die er zu diesem Thema angelegt hatte, das so mysteriös ist, dass die heutigen Kunsthistoriker sich hüten, es abzuhandeln. Eines dieser Bücher weckte sein besonderes Interesse, das passierte jedesmal, wenn er in solchen

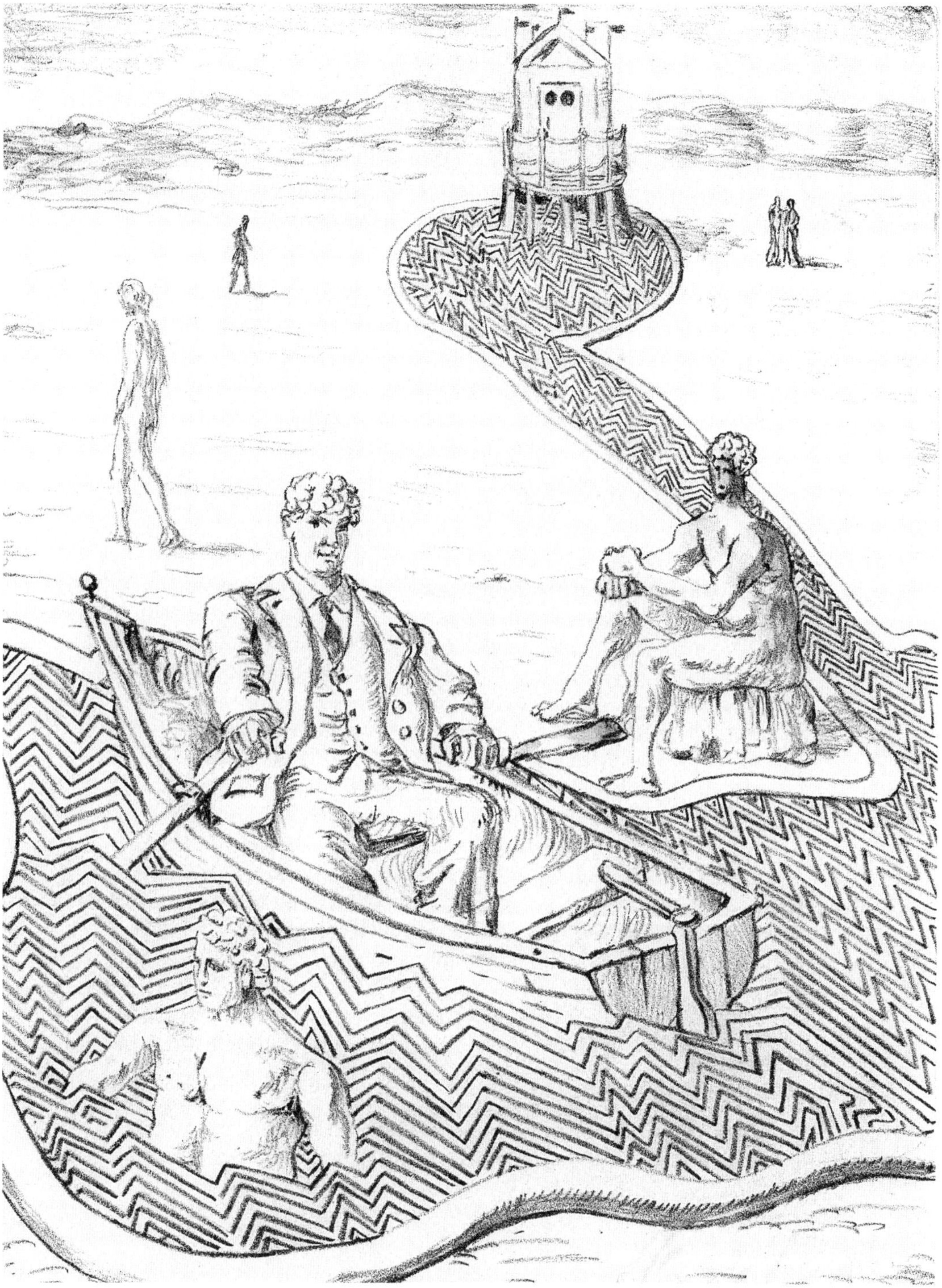

Schriften stöberte. Der Titel des Buches lautete: *De la peinture à l'huile* und darunter in kleineren Buchstaben: *ou des procédés matériels employés dans ce genre de peinture depuis Hubert et Jean Van Eyck.* Sein Autor war ein gewisser J.F.L. Mérimée, der aber gar nichts zu tun hat mit dem Autor der *Carmen.* Er war Sekretär der Königlichen Kunstakademie auf Lebzeiten gewesen und was er geschrieben hat, war für Monsieur Dudron sicher sehr viel nützlicher als die Bücher seines Namensvetters Prosper Mérimée. Das Buch von J.F.L. Mérimée wurde 1830 gedruckt und von Madame Huzard (geb. Vallat La Chapelle) herausgegeben. Als Vorwort diente ein Auszug aus dem Rapport von Quatremère de Quincy an die Akademie. Dieser Text ist logisch und in grosser Klarheit verfasst und demzufolge das genaue Gegenteil der anmassenden und unverständlichen Artikel, welche die heutigen Kunstkritiker und Intellektuellen der modernen Malerei und der Malerei im Allgemeinen widmen und die bar jeglichen Interesses und Nutzens sind. Hier einige Beispiele: «Die Grundsätze und Auffassungen, die Monsieur Mérimée in diesem Traktat entwickelt und verbreitet hat, betreffen weniger die Kunst selbst als vielmehr das Material, das in der Kunst verwendet wird. Er geht den Verfahren nach, welche in der Ölmalerei seit ihren Anfängen angewandt wurden. In seiner Untersuchung kommt er zum Schluss, dass die alten flämischen und venezianischen Meister ihre Gemälde nicht wie wir mit reinem Öl gemalt haben, sondern ihre Farben mit Harzen und Firnissen mischten, welchen die starke Leuchtkraft, die Transparenz und die hohe Qualität zugeschrieben werden können.»

Monsieur Dudron begeisterte sich wieder einmal lebhaft für verschiedene Passagen dieses Buches, die er viele Jahre lang immer wieder durchgegangen war. Wieder vertiefte er sich in ganz bestimmte Seiten, über die er jeweils lange meditierte. Wenn J.F.L. Mérimée über die Zeit spricht, als in Flandern die Brüder Van Eyck malten, heisst es: «Damals malte man mit Tempera, worauf die Gemälde mit einem Firnis überzogen wurden, der die Leuchtkraft der Farben verstärkte und die Gemälde vor der Witterung schützte. Die Idee, der Farbe Firnis beizumischen ist so naheliegend, dass bestimmt schon vorher an eine solche Möglichkeit der Ölmalerei gedacht worden war und vermutlich schon verschiedene Maler derlei Versuche unternommen hatten. Um ihr aber gegenüber der herkömmlichen Temperamalerei zum Durchbruch zu verhelfen, galt es noch manches Hindernis zu überwinden. Das muss viele Künstler davon abgehalten haben, weil den meisten die erforderlichen Kenntnisse fehlten. Die Firnisse, die man verwendete, waren sehr ölhaltig und ausserordentlich zähflüssig. Man musste sie streichfähiger machen, damit die Farben, denen sie als Basis dienten, genauso gut aufgetragen werden konnten wie Tempera.

Weil, wie ich bereits feststellte, die Idee, der Farbe Firnis beizumischen, die naheliegendste war, ist zu vermuten, dass sie zuerst Van Eyck in den Sinn kam. Seine Recherchen führten zur Überzeugung, dass die Farben, die wie unsere hergestellt wurden und ebenfalls zum Einziehen neigten, den nachträglichen Auftrag von Firnis erforderten, um ihre Leuchtkraft und Transparenz zu verstärken. Für die Bilder Van Eycks und seiner Nachfolger wurden die Farben nicht einfach mit einem mehr oder weniger sikkativhaltigen Öl gebunden, es wurden ihnen auch verschiedene Firnisse beigemischt, denen die aussergewöhnliche Feinheit in der Ausführung und der gute Zustand der ältesten Gemälde zu verdanken ist. Ihre Leuchtkraft übertrifft die der meisten Gemälde des 19. Jahrhunderts.»

Monsieur Dudron unterbrach seine Lektüre und fing an zu überlegen: «Es ist kaum zu glauben», dachte er, «wie weit die Maler heutzutage von alledem entfernt sind. Heute ist ihr Interesse an ihrer eigenen Kunst fast völlig erloschen, und somit auch die Leidenschaft, die Freude und die Emotionen, welche die Maler einst beflügelten und sie trotz aller Beschwernisse und Schwierigkeiten beglückte. Das erklärt auch die Langeweile, von der die Maler heute heimgesucht werden. Die Kunst, die sie eigentlich ausüben, interessiert sie überhaupt nicht und erfreut sie genauso wenig. Die Überraschung, *la surprise*, ist aus ihren Ateliers verschwunden: die Überraschung, die vordem lebendig war, also zur Zeit der schönen und guten Malerei, als jeder Künstler es besser zu machen versuchte als die andern und Tag für Tag einen Schritt weiterkommen wollte und zu diesem Zweck wie ein Magier oder Alchemist leidenschaftlich nach Mitteln und Wegen suchte, um diesen Fortschritt zu ermöglichen; diese Überraschung war damals ihr ständiger Begleiter, sie war unsichtbar und doch immer präsent, auch wenn sie sich umdrehten, um ein gerade fertig gemaltes Bild anzuschauen, sie war da, wenn diese Künstler, hatten sie ihr Studio auch nur für kurze Zeit verlassen, zurückkehrten und jetzt ausrufen konnten: ‹Das bin doch ich, der das gemacht hat.› Diese Überraschung ist aus ihren Ateliers verschwunden, sie existiert nicht mehr.»

Monsieur Dudron kam die Idee, ein wenig zu malen, aber die Fragen der Malerei und die Gründe für ihre schreckliche Dekadenz beschäftigten ihn noch immer. Er legte ein Buchzeichen ein und schloss das Buch von Mérimée, nahm seinen Überzieher und den Hut vom Haken, um aus dem Atelier hinaus auf die Strasse zu treten. Auf der Treppe dachte er: «Ich muss unbedingt Isabella Far treffen, sie ist die einzige Person, die mir zu diesem Thema etwas wirklich Intelligentes, etwas Richtiges und Logisches sagen kann; es ist ungefähr zwölf Uhr, die Zeit, da sie die Bibliothek verlässt, wo sie die wissenschaftlichen Aufsätze und Dissertationen der Kunstakademie konsultiert, die im 18. Jahrhundert zusammengetragen wurden, als diese noch Königliche Malakademie hiess. Da liest sie stundenlang Zusammenfassungen der Vorträge von Largillière, Oudry und anderen Meistern, die in diesem herrlichen Jahrhundert gewirkt haben, und in welchem, anders als in dem unsrigen, es viele geniale Künstler gab und es von Talenten nur so wimmelte.»

Er folgte dem Weg der Pfeffersträuche, auf dem die grosse Denkerin nach Hause zu kommen pflegte. Er war schon einige Minuten gegangen, als er von weitem Isabella Far erblickte, die auf ihn zukam. Er trat zu ihr, grüsste sie, erkundigte sich nach ihrer Gesundheit und ging direkt *in medias res*, indem er ihr mitteilte, er bedürfe dringend ihrer Erhellungen über gewisse die Malerei und ihre Dekadenz betreffende Fragen und Probleme. Äusserst liebenswürdig ging Isabella Far auf sein Anliegen ein: «Ich will Ihnen Ihre Fragen gerne beantworten», gab sie zurück, «wir werden beim Gehen darüber reden. Sagen Sie mir, verehrter Meister, in zwei, drei Worten, um was es Ihnen geht.»

Monsieur Dudron überlegte kurz und sagte dann: «Wie erklären Sie sich, gnädige Frau, die Existenz der Kunstkritiker und den Typ des modernen Kunstsammlers. Und sagen Sie mir dann doch noch ganz allgemein, was Sie von der modernen Kunst halten.»

«Damit verhält es sich folgendermassen», antwortete Isabella Far, «die Kunsthändler haben sich vom Beginn ihrer kommerziellen Tätigkeit an der Kunstkritiker und Intellektuellen bedient, und zwar einzig und allein, um Geld zu machen. Ebenso haben die wertlosen Künstler sie benutzt, um bekannt zu werden. Die *Snobs*, die keine seriösen Kenntnisse hatten, und denen das künstlerische Verständnis und die wirkliche Intelligenz völlig abgingen, wurden von den Händlern, den Kritikern und den Künstlern manipuliert und ausgenützt, weil sie ihre Tätigkeit auf keine wirklichen Werte stützen konnten. Daher waren sie gezwungen, sich auf die Dummheit der anderen zu verlassen.

Der ganze *Bluff* beruhte auf der sogenannten *erfundenen Malerei*, der *peinture inventée*, und auf der Malerei, welche man stilisiert nennt. Der Wert dieser Bilder sollte sich nicht mehr auf Werte berufen, die von der Zeit, da die Maler zu malen anfingen, bis ins 19. Jahrhundert hochgehalten wurden, als die Dekadenz in die Welt kam. Sie orientierten sich nicht mehr an der Qualität der Malerei, der Zeichnung, am Wert des Materials, der Feinheit der Modellierung, der Beherrschung der Mittel, kurz, am malerischen Wert der Bilder. Die *peinture inventée* wollte im Gegenteil die intellektuelle Erfindung, den Ausdruck abstrakter Ideen und sogar gewisse surrealistische Manieriertheiten zum Massstab erheben, ja sogar solche, die mit Demenz, Infantilismus oder Okkultismus operieren. Mit einem Satz: der Wert der neuen Malerei sollte aus alldem bestehen, was am anderen Ende der grossen Malerei angesiedelt ist, die eine konkrete, positive und tatsächlich realisierte Kunst ist.

Hier müssen wir jedoch, um Missverständnissen vorzubeugen, präzisierend hinzufügen, dass der wirkliche Wert eines erfundenen Gemäldes in der Offenbarung liegt, die den Maler veranlasst hat, es zu schaffen. Es ist allerdings sehr fraglich, ob diese Offenbarung, die im Fall der Malerei nur eine sehr unvollständige Angelegenheit sein kann, genügt, um aus einem Bild ein grosses Kunstwerk zu machen. Ein Meisterwerk der Malerei muss nicht nur von einer Idee und einem Gegenstand ausgehen, sondern vor allem von der *Inspiration*, die von seiner Ausführung und der Materie ausgeht. Wir wissen nicht, ob die *Idee* in der Musik und in der Philosophie wichtiger ist als für die Malerei, doch ich würde behaupten, dass sie in der Musik und in der Philosophie sich selbst genügt und keiner zusätzlichen Erklärungen bedarf.

Ein Bild, das infolge einer Offenbarung gemalt wurde, hat sicher seinen Wert, doch ist dieser relativ, während ein Meisterwerk der Malerei, das ganz und gar Kunst und nichts als Kunst ist, einen *absoluten* Wert besitzt.

Werden die Ursachen für die Verbreitung der modernen Kunst analysiert, sollte nicht der voreilige Schluss gezogen werden, dass diese ihre Wurzeln im Phänomen der Offenbarung haben, das auch in gewissen modernen Werken enthalten ist. Unter der Masse von Bildern, die in der Malerei als aussergewöhnlich gelten, sind diejenigen selten, bei denen eine Offenbarung, *une révélation*, ausgemacht werden kann. In allen übrigen jedoch, bei denen dieses Phänomen fehlt, ist nur eine fürchterliche Anstrengung zu bemerken, die nicht vorhandene Offenbarung durch das Bestreben zu ersetzen, originell zu sein und zu Ideen zu kommen. Auf diesen Bildern sind unterschiedliche Gegenstände und Linien zu erkennen, die ohne ersichtlichen spirituellen oder künstlerischen Grund miteinander in Verbindung gebracht wurden. Da gibt es keine Offenbarung, sondern nur grosse Dummheit, totale Leere und völlige Absenz von Talent.

Auf keinen Fall darf behauptet werden, dass die modernen Kunstliebhaber die Offenbarung in einem Bild wirklich sehen können. Die Offenbarung ist ein sehr schwierig feststellbares und zu begreifendes Phänomen für Leute, deren Verständnis, Intelligenz und Gefühl für die Kunst sich nicht auf der Höhe des Verständnisses, der Intelligenz und des Gefühls eines wirklichen Kunstkenners bewegen. Der Liebhaber und moderne Sammler erkennt nicht einmal die schlechte Qualität und unbeholfene Ausführung, die doch auf Bildern ohne Offenbarung wahrhaft offen zutage liegen. Heute sind die Leute an Hässlichkeit in der Malerei so gewöhnt, dass sie diese für beinahe unerlässlich halten. Es lässt sich bei Leuten, die sich viel mit moderner Malerei beschäftigen, oft feststellen, dass sie sich vor einem anständig gemalten Bild von indiskutablem malerischen Wert oft in Schweigen hüllen und keine Meinung äussern. Sie haben Zweifel, weil ihnen das Bild aufrichtig gefällt.

Die lange Erfahrung im Umgang mit scheusslichen Bildern, die als Meisterwerke gelten und zu sehr hohen Preisen verkauft werden, hat den Leuten jegliches Vertrauen in ihr eigenes Urteil genommen. In ihrem Kopf hat sich das Urteil gebildet, dass ein wirklich gutes modernes Bild nicht gefallen darf, und dass dieses Bild, wenn es gefällt, eben nicht gut, ja sogar *pompier*, *Kitsch* genannt werden muss. Der *pompierisme* wird von den Modernen zutiefst verachtet. So kommt es oft vor, dass ein Kunstliebhaber vor einem schönen Bild vorsichtig Stillschweigen bewahrt. Sie denken, es sei besser, sich nicht zu kompromittieren und getrauen sich nicht, von Aufrichtigkeit, Stimmung, ihren Emotionen oder von Mysterium zu sprechen; sie hüten sich sogar vor Wörtern wie Arabeske, *arabesque*, das sie angesichts einer bestimmten Art moderner Bilder, die ihnen in diesem Fall nicht gefallen, mit grosser Selbstsicherheit aussprechen. Ihre grösste Angst ist, für dumm und ignorant gehalten zu werden, wenn sie Gutes von einem Bild sagen, welches in moderner Lesart ganz sicher nichts wert ist, obwohl es ihnen gefällt. Das ist das heutige Verständnis von Malerei bei Kunstliebhabern und Sammlern.

Kommen wir nun zu den Kritikern. Es gibt solche, die nicht nur desinteressiert sind an Malerei, sondern diese glattweg hassen. Sie ziehen es demzufolge vor, das Bild gar nicht erst anzusehen, das man ihnen zeigt. Sie haben herausgefunden, wie man ein Bild von unten, von oben oder von der Seite ansieht, aber nie direkt von vorne. Je bekannter der Kritiker ist, desto grösser ist seine Virtuosität, völlig unverständliche und komplizierte Texte über Bilder zu schreiben, die er kaum, oder nur flüchtig gesehen hat. Was in einem solchen Artikel zählt, ist aber allein seine eigene Persönlichkeit und Intelligenz, und nicht das Bild, das für ihn nur ein Vorwand ist, sich in Szene zu setzen.

Die allermeisten Kritiker sagen in ihren Artikeln völlig unerwartete Dinge, die nichts mit den Bildern zu tun haben. Im Allgemeinen besteht der grösste Teil einer solchen Kritik in einer Abfolge von Phrasen und Wörtern, die nicht einmal eine Überzeugung zum malerischen Wert eines Bildes ausdrücken. Es sind vage Abhandlungen, die eher im Fieberwahn entstanden zu sein scheinen, als den Regeln einer logischen und seriösen Analyse eines Kunstwerkes zu folgen. Dann gibt es in einem Artikel oft einen kürzeren Teil, wo der Sinn klarer wird, und der Kritiker mit einer erstaunlichen Naivität Urteile abgibt, die sich etwa folgendermassen anhören: Wenn auf einem Bild zum Beispiel die Umrisse grob und mit schwarzer oder dunkelblauer Farbe und mindestens zwei Finger breit gezogen sind, ist das für den Kritiker nicht einfach ein Zeichen von Grobschlächtigkeit und Unbeholfenheit in der Ausführung, sondern von «Kraft». Namentlich aber sagen die modernen Kunstpäpste von Bildern, die kräftige Figuren mit hypertrophen Armen und Beinen darstellen, dass sie sehr *stark* sind.

Logischerweise hiesse das, dass das Volumen der dargestellten Figur die Stärke ausmacht, mit der das Bild gemalt wurde. Oder anders ausgedrückt, Rubens' Gemälde sind deshalb stark, weil er sehr dicke Frauen gemalt hat. (Obwohl die Modernisten sich vor Rubens hüten und lieber gar nicht davon reden.) Raphaels Gemälde sind demnach mittelstark, weil auf seinen Bildern Figuren von normalem Körperumfang zu sehen sind, und die Werke Botticellis schliesslich, der langgezogene und dünne Figuren malte, sind *völlig schwach*. Hinzuzufügen wäre noch, dass Michelangelo immer ein *Titan* genannt wurde, ganz bestimmt, weil seine Plastiken und Gemälde muskulöse Menschen darstellen, die physische Stärke ausdrücken.

Wenn das Wort *Titan* etwas Geistiges bezeichnen soll, sehe ich nicht ein, warum nicht auch Phydias als *Titan* bezeichnet werden könnte, dessen Talent nicht weniger aussergewöhnlich und stark war als dasjenige Michelangelos. Trotzdem werden, wenn man von Phydias spricht, nie Worte wie *Titan* verwendet. Desgleichen sprach man nie von Stärke, wenn von Fragonard oder François Boucher die Rede war, weil man nicht daran glaubte, dass sich die Stärke eines Talents mit einem Bild ausdrücken liesse, das ein ländliches Idyll oder schöne nackte Frauen zeigt. Wir offenbaren, Gott sei's geklagt, in unseren Urteilen über Kunst eine echte Naivität, aber auch eine etwas exzessive, vor allem wenn man sich vorstellt, dass wir in künstlerischer Hinsicht letztlich gar nicht so jungfräulich sind. Es genügt, in den Museen durch endlose Saalfluchten gelaufen zu sein, um sich einzubilden, fortan eine richtigere und der Wahrheit eher zuträgliche Art zu urteilen errungen zu haben als diejenige, die man bis heute an den Tag legt, wenn man über Kunst spricht oder schreibt.

Verehrter Meister, ich habe es Ihnen bereits gesagt, doch ich wiederhole: Der einzige in einigen modernen Bildern feststellbare Wert ist *der Wert der Offenbarung* (im Fall dieses seltenen Phänomens). In der herkömmlichen Malerei dagegen ist der vorliegende Wert *die Inspiration*.

Um jedem Missverständnis vorzubeugen, muss ich Sie darauf hinweisen, dass die Inspiration in den Werken der Alten Meister nicht, wie allgemein und sehr naiv angenommen wird, eine Frage der Komposition, des Gegenstandes, der Bilder ist, sondern einzig und allein *eine Frage der Schönheit der malerischen Materie*, eine

Frage der Meisterschaft in der Ausführung, der plastischen Kraft, also des aussergewöhnlich hohen qualitativen Wertes des Werkes, *de l'exceptionelle valeur qualitative*.

Ich muss noch hinzufügen, dass es sich bei *inspiration* und *révélation* um zwei mysteriöse Phänomene handelt, die sehr schwierig zu umschreiben sind, und die niemals vom Künstler selbst ausgelöst oder erzwungen werden können. Es sind Phänomene, die im Geist des Künstlers plötzlich da sind, ohne dass er genau sagen könnte, woher und wie sie ihm gekommen sind.

Lasst uns jetzt, Meister, den Unterschied zwischen Inspiration und der künstlerischen Offenbarung festhalten. Die Inspiration ist die Gnade, die Gott demjenigen Menschen erwiesen hat, den er zum Instrument erkor, um den anderen die Erscheinungsformen eines universellen Talents vor Augen zu führen. Wie kann man auch nur vermuten, dass menschliches Talent allein, ohne Einfluss von oben, ein Bild wie das eines Tizian, eines Rubens, eines Velazquez schaffen könnte, oder Chopins, Schuberts oder Bellinis Musik?... Was könnte der Ursprung dieser ununterbrochen schöpferischen Inspiration sein, wenn nicht die Existenz des universellen oder höheren Talents, dem wahren Schöpfer der Kunst?

Ein grosser Künstler ist ein Auserwählter, mit dem sich das universelle und göttliche Talent in einer idealen, für die Menschen verständlichen Form ausdrückt. Inspiration überkommt den Künstler durch sein göttliches, man könnte auch sagen kosmisches Talent.

Die Offenbarung dagegen ist ein anderes Phänomen. Es besteht kein Zusammenhang mit diesem höheren Talent. Daher steht es nicht in direkter Verbindung zur Kunst. Die von einigen Kunstwerken zum Ausdruck gebrachte Offenbarung ist zudem ein ausschliesslich modernes Phänomen, dem man in den Gemälden der Alten Meister nicht begegnet, oder allenfalls ansatzweise im Werk Dürers. Ein Phänomen, das der Offenbarung nahekommt, lässt sich in einigen Bildern von Poussin und Claude Lorrain feststellen, doch sollte man in diesem Fall vielleicht eher von der genialen Interpretation einer Legende sprechen. Wirklich zu manifestieren begann es sich erst in den Werken von Malern, Philosophen und Dichtern des 19. Jahrhunderts.

Definieren liesse sich dieses Phänomen als der Augenblick, in dem der Mensch einen kurzen Blick auf eine Welt wirft, die ausserhalb der dem menschlichen Geist bekannten Welt existiert. Es ist eine Welt, die mittels menschlicher Logik nicht zu fassen ist und die es für uns Sterbliche gar nicht gibt, angesichts der Tatsache, dass für uns allenfalls Dinge existieren, die wir bereits kennen oder deren Existenz wir uns zumindest vorstellen können.

Diese für uns inexistente metaphysische Welt, oder anders gesagt, diese völlig ausserhalb des menschlichen Wissens oder menschlicher Vorstellungen liegende Welt, von der wir mit unserem Hirn gar nichts wahrnehmen können, ist diejenige, die uns ein Nietzsche oder ein Hölderlin in einigen ihrer Fragmente und Gedichte erahnen liessen.

In der Malerei wird mit Werken von Malern der zweiten Hälfte des letzten Jahrhunderts wie Böcklin, Max Klinger, Previati, Picasso und Giorgio de Chirico ein Bild dieser mysteriösen Welt entworfen. Es handelt sich um eine unerklärliche Welt, die von der menschlichen Intelligenz allenfalls mit Intuition umrissen, mit Logik dagegen unmöglich verstanden oder näher bestimmt werden kann. In einem im Anschluss an eine Offenbarung gemalten Bild zeigt sich eine uns unbekannte und fremde Welt. Der Wert eines solchen Bildes besteht nicht in der malerischen Qualität, sondern in seinem geistigen Gehalt.

Ich will es noch einmal wiederholen, Maestro, eine Offenbarung ist für eine Person, die nicht mit aussergewöhnlicher Intelligenz ausgestattet ist, schwierig nachzuvollziehen. Genau deswegen konnte die sogenannte *erfundene* Malerei ein nicht nur hohles und lächerliches, sondern ein geradezu absurdes Aussehen annehmen. Die Leute denken nämlich, es genüge, einem Bild die wunderlichsten Gegenstände oder gar Linien und Formen einzusetzen, um ihm auf diese Weise einen geistigen Wert zu verleihen, seien sie nur seltsam genug.

Die mittelmässigen Maler, welche den Erfolg von Bildern miterlebten, die eine mit dieser göttlichen Eingebung erhaschte, seltsame Welt beinhalten, haben nicht begriffen, dass diese Bilder ausschliesslich die Früchte der Offenbarung des Künstlers sind. So glauben sie bis heute, dass sich wirkliche Offenbarung durch Bizarrerie und Originalität ersetzen lasse. Die Offenbarung hat uns ermöglicht, die Existenz einer metaphysischen Welt ausserhalb der Menschen wahrzunehmen, während das Streben nach Bizarrerie und Originalität eine stupide, absurde Welt zeitigte, eben eine von Menschen hervorgebrachte Welt, *un monde fait par les hommes.*

Aus dem mangelnden Verständnis für eine übernatürliche und unerklärliche Welt heraus sowie der Unfähigkeit mittelmässiger Menschen, sich eine solche vorzustellen, ist diese pseudospirituelle, surrealistische, diese sogenannte erfundene Malerei entstanden, allerdings eine *sehr schlecht* erfundene. Diese schäbigen und erbärmlichen Ideen, die mit der kleinkarierten Phantasie von Menschen in die Welt gesetzt wurden, die keine wirklichen Künstler sind, vermochten bei den Ignoranten und all denjenigen, die die Moden des Intellektualismus mitmachen, die metaphysische Welt zu ersetzen. Was für ein trauriges Resultat für die Künstler, die in Kontakt mit der metaphysischen Welt standen, mit ansehen zu müssen, wie diese mediokeren und von metaphysischen Dingen völlig abgeschnittenen Maler uns mit unzähligen Gemälden überschütten, welche nur die idiotische und irdische Welt reproduzieren. Was für ein trauriges Ergebnis, wenn sogar die Intellektuellen die pseudospirituelle Malerei akzeptierten und damit bewiesen haben, dass auch sie die vollkommene Stupidität für höhere Intelligenz hielten, sie, die nicht einmal in der Lage sind, die Existenz des Phänomens der Offenbarung zu verstehen oder auch nur zu vermuten.

Ich werde nun, Meister, einige Aspekte der modernen Malerei analysieren. Edelkitsch und Modernismus unterscheiden sich qualitativ nicht voneinander. Diese vermeintlich so verschiedenen Bewegungen haben die Hässlichkeit der Materie gemeinsam; Materie gemeint nicht im künstlerischen Sinn, sondern Materie als Ölfarbe, die eingetrocknet ist. Die Kitschmaler sind manchmal ganz geschickt, doch geht ihnen der Sinn für die malerische Materie völlig ab, von der die Qualität eines Kunstwerks abhängt. Ferner vermochten sie weniger als die andern sich dem Zeitgeschmack anzupassen, der im Grunde nichts anderes ist als eine Reaktion auf den Stil der Jahrhundertwende, eine Suche nach Einfachheit und Sparsamkeit, um die geschmacklose Ornamentik zu vermeiden. Der moderne Blick hat sich an das Fehlen des Ornamentalen gewöhnt. Der zeitgenössische Mensch sieht lieber gerade Linien und glatte, nicht unterbrochene Oberflächen, *weil er instinktiv an den künstlerischen Fähigkeiten seiner Zeitgenossen zweifelt*. Das ist der Grund, warum die Kunstliebhaber sich eher dem Modernismus zuwandten und die Kitschmalerei den Bürgern überliessen, die sich schwerer damit tun, die jüngste Vergangenheit zu verabschieden.

Trotzdem waren es absolut oberflächliche und keineswegs künstlerische Gründe, welche die Kunstliebhaber veranlassten, zu glauben, die moderne Malerei sei mehr wahre Kunst als die Kitschmalerei. Unter den sogenannten modernen Malern gibt es talentierte Künstler, die in der Tat mehr Künstler sind als die Kitschmaler; nichtsdestotrotz liegt der wahre Grund für den in ihren Bildern feststellbaren künstlerischen Wert einzig und allein in ihrem Talent und nicht im unfertigen Aussehen oder der schludrigen Ausführung dieser Werke.

Die Kunstliebhaber und die Kritiker haben nicht verstanden, worin der künstlerische Wert dieser Bilder besteht und ihre Schwächen für Stärken gehalten. Sie glauben, dass Schlichtheit in der Malerei ein Vorzug ist und verwechseln Ärmlichkeit und Grobschlächtigkeit mit Einfachheit. Übrigens gibt es keinen Grund zur Annahme, dass ein gutes Bild einfach sein müsste. Die schönsten Bilder der Alten Meister beweisen das genaue Gegenteil.

Diese wenigen Maler, die wegen ihres Talentes und nicht wie andere dank ihrer Händler und deren Machenschaften berühmt wurden, diese seltenen Maler also hatten, beraten von ihrem eigenen Talent, verstanden, dass sie kaum mehr als einen Entwurf zustande bringen können, weil sie die Geheimnisse der Malerei nicht kennen. Allein diese erlaubten ihnen, zu malen, das heisst ein gutes Bild zu schaffen. Es ist in einem solchen Fall besser, sich auf den Entwurf zu beschränken und dadurch dem gemalten Bild wenigstens einen mehr oder weniger künstlerischen Charakter zu erhalten. Die meisten modernen Maler glaubten aus Mangel an Talent, sie könnten die berühmten modernen Maler und ihre Qualitäten nachahmen, indem sie Entwürfe statt fertige Gemälde herstellten. Die Art und Weise jedoch, in der diese Entwürfe gemalt wurden, macht deutlich, dass es nicht der unfertige Charakter eines Bildes ist, der sein künstlerisches Aussehen bestimmt, sondern das Talent, das diesen Entwurf bei der Ausführung leitete.

Die übertrieben grosse Zahl von Malern, die es heute in allen Ländern der Welt gibt, hängt damit zusammen, dass ein Verständnis für Malerei äusserst selten anzutreffen ist, und zwar sowohl bei den Amateuren, als auch bei all denen, die Maler sein möchten. Diejenigen, die heute malen, werden meistens nicht durch ihr Talent motiviert, vielmehr tun sie es, weil sie glauben, dass der Beruf des Malers lukrativ, dabei leicht zu lernen und nicht besonders anstrengend ist. So wie der grösste Teil der modernen Bilder heute aussieht, lässt sich mit Sicherheit schliessen, dass es gar nicht erst nötig ist, Talent oder das nötige Handwerk zu besitzen, um solche Bilder zu malen.

Die Hände der Menschen haben ihre Geschicklichkeit, und ihr Gehirn hat die kreative und künstlerische Intelligenz verloren. Die modernen Bilder sind keine gute Malerei mehr, weil die gute Malerei nicht ohne malerische Materie auskommen kann. Die Materie, mit der Bilder gemacht werden, ist keine ungefähre Sache. Sie ist eine ganz konkrete Substanz, deren Qualität schon auf der Palette erkannt werden kann, die der Maler für seine Arbeit vorbereitet hat.

Die Kunstliebhaber und auch ein grosser Teil der modernen Maler haben nicht einmal mehr eine Ahnung, welche die wahre Bedeutung der malerischen Materie ist, und sie können sich folglich noch weniger die Elemente vorstellen, aus denen sie sich zusammensetzt. Doch die wahren Künstler, die sich der Notwendigkeit bewusst sind, das Geheimnis der malerischen Materie wiederzufinden, da sonst die Malerei die Perfektion nicht wieder erreichen kann – diese wahren Künstler suchen nach dieser Materie mit fieberhafter Leidenschaft. Bei dieser Suche kann ihnen nur ihr Talent und ihre eigene Arbeit helfen, denn die Tradition ist Mitte des 19. Jahrhunderts unterbrochen worden und nun muss man wieder ganz von vorne anfangen.

Das grosse Interesse, das die sogenannte erfundene Malerei bei ihrem Erscheinen bei denjenigen wecken konnte, die dieses Phänomen begriffen hatten, ist nach und nach abgeflaut, weil es auf die Länge den wahren Auftrag der Malerei nicht ersetzen konnte, der darin besteht, *Malerei zu betreiben*. So sicher es ist, dass sich das Tor zur metaphysischen Welt nur selten öffnen lässt, so sicher ist die an höheres Talent gebundene grosse Malerei die Frucht der künstlerischen Inspiration und einer ernsthaften, menschlichen und konkreten Arbeit.

Einer der hauptsächlichsten Ursachen, ja vielleicht der Hauptgrund für die allgemeine Dekadenz der Künste ist die Industrialisierung und Mechanisierung von allem und jedem. Für die Malerei war die Industrialisierung der Herstellung des Malmaterials extrem schädlich. Die Maschine raubt dem Menschen die Intelligenz. Den Händen fällt nicht mehr die wichtige Aufgabe zu, alles zu produzieren, was dem Kopf des Menschen entspringt. Die Hände verlieren immer stärker ihre Intelligenz und Geschicklichkeit. Die Hirngymnastik reduziert sich auf zunehmend weniger Bewegungen, weil das Gehirn, das den Händen weniger Befehle zukommen lässt, sich versteift, erschlafft oder sich auf perverse Art Luft macht, indem es auf sterile und negative Formen der Intelligenz ausweicht. Dies alles wird begleitet von Bösartigkeit und Indiskretion, die der Freudianischen Bewegung mit allen ihren Folgeerscheinungen so viel Erfolg beschert haben.

Wenn man sich vorstellt, dass die menschliche Intelligenz, die der tierischen Intelligenz so haushoch überlegen ist, sich dank der diffizilen Konstruktion der Menschenhand entwickelt hat, wenn man sich weiter vorstellt, dass nichts von alldem existieren würde, was jemals geschaffen worden ist, wenn diese Hand die Form einer Hundepfote oder eines Pferdehufs gehabt hätte, ja, dann müssen wir einsehen, dass die Mechanisierung auch unsere zerebralen Kapazitäten in zunehmendem Masse mindert, da sie die bedeutende Rolle, die der Hand bei der Erschaffung der Dinge zukommt, empfindlich schwächt.

Die Handarbeit, bei der die von der Intelligenz des Menschen überwachte und gelenkte Hand des Menschen die konkrete und kontinuierliche Schöpfung auslöst, diese Handarbeit ist unerlässlich für den Fortbestand und die Entwicklung der schöpferischen Möglichkeiten unseres Intellekts. Diese operative Funktion unserer Hände ist sowohl für die Entfaltung der wahren Intelligenz als auch der wahren Malerei unerlässlich.»

Isabella Far schwieg. Monsieur Dudron schaute sie nachdenklich an, und sagte dann: «Wie recht haben Sie, gnädige Frau, und alles, was Sie sagen, stimmt, ist logisch und tiefgründig. Auch ich habe oft Ähnliches festgestellt, doch könnte ich dies nie so verständlich und philosophisch formulieren wie Sie. Es gibt heute leider Leute, die sich Philosophen nennen, aber im Grunde genommen nichts anderes sind als Philosophieprofessoren. Ein Philosoph ist vor allem ein Künstler, so er denn wirklich einer ist, denn die Philosophie ist eine Kunst.

Bezüglich der verheerenden Auswirkungen des mechanischen und wissenschaftlichen Fortschritts auf die kreativen Möglichkeiten, das Talent und die Geschicklichkeit der heutigen Menschen möchte ich lediglich noch hinzufügen, dass ich vor einigen Tagen ungefähr die gleichen Überlegungen angestellt habe wie Sie; etwas konfus zwar, und nicht sehr konkret, da ich weit davon entfernt bin, Ihre philosophischen Gaben zu besitzen. Vor einigen Tagen also habe ich das Buch eines Autors aus dem 19. Jahrhundert mit der Beschreibung einer Soirée in einer grossbürgerlichen Familie um 1860 gelesen. Anwesend waren weder Musiker noch Sänger, weder Schauspieler noch Künstler, sondern nur junge Frauen und Mädchen, Geschäftsleute, Advokaten und junge Leute, die ihr Studium noch nicht beendet hatten. Diese übten jedoch alle mit Liebe und Verstand ihre Kunst aus; man spielte Klavier, wobei eine junge Sängerin und ein Sänger am Klavier begleitet wurden; ein junger Mann und eine junge Frau legten zu den Klängen einer Gitarre, gespielt von einem Herrn, einen perfekten spanischen Tanz hin. Eine junge Frau rezitierte Gedichte, während ein anderer Herr mit sicher geführtem Bleistift das Konterfei einer der anwesenden Damen zeichnete, und schliesslich führte ein Herr, von Beruf Advokat, als dilettierender Zauberkünstler Kartenspielertricks vor und unterhielt die ganze Gesellschaft mit Schattenspielen, indem er seine Hände vor eine brennende Kerze hielt, deren Schein ihre Schatten auf ein an die Wand gehängtes weisses Tuch projizierte. Der Autor dieses Buches meinte, es sei wirklich sehr beeindruckend gewesen, zu sehen, wie der Amateurzauberkünstler durch unsichtbare Handbewegungen bewegte Schatten erzeugte: sie stellten einen Wolf dar, der ein Kaninchen verschlingt. Nun konnte man verfolgen, wie das Kaninchen, Ohren voran, langsam im Rachen des Wolfes verschwand, dessen Augen sich vor Zufriedenheit weiteten und dessen Bauch beim Fressen dicker und dicker wurde!

Kürzlich war ich auf einer Abendgesellschaft bei einer bürgerlichen Familie zu Gast. Auch da gab es junge Frauen, Jungen und Männer, doch niemand besass auch nur das geringste Talent; es wurde oberflächlich von einem Literaten gesprochen, der gerade in Mode war, man redete unvorstellbar dumm über Politik, bis man schliesslich begann, zu tratschen und bösartig über Abwesende herzuziehen. Fast alle, vor allem die Männer, strengten sich an, intelligent und überlegen zu wirken. Um etwas gegen diese Langeweile zu unternehmen, drehte die Gastgeberin das Radio an, aus dem verschwommen Negermusik tönte. Auf dem Grammophon spielte sie eine Platte mit moderner Musik ab, der alle mit unterdrücktem Gähnen zuhörten; während beides lief, überlegte ich, dass diese Geräte, beide Resultate des wissenschaftlichen und mechanischen Fortschritts, zu den Dingen gehörten, die an die Stelle des Talents und der Geschicklichkeit des Menschen getreten sind. Das Ergebnis war eine bedrückende Stimmung zwischen Langeweile und Ärger, die während des ganzen Abends anhielt.

Da sehen Sie, gnädige Frau, dass ich die Sünden und Unterlassungen unserer unglücklichen Epoche sehr wohl kenne und erkenne, allein es ist mir unmöglich, sie mit derselben mechanischen Folgerichtigkeit zu erklären, deren Monopol Sie halten.»

Sie erhoben sich. Isabella Far musste nach Hause zurück zu ihrer Arbeit. Monsieur Dudron hatte keine Lust, heimzukehren. Was er gehört hatte, verwirrte ihn. So begab er sich zum Nordtor der Stadt, nachdem er sich noch einmal bedankt und von Isabella verabschiedet hatte. Er wollte in einer ländlichen Umgebung herumspazieren.

Beim Gehen überkamen ihn wieder einmal Gedanken an die längst vergangenen Zeiten seiner Kindheit. Er sah sich auf seinem Bett liegend im väterlichen Hause. Er schaute zum Fenster hinaus, das keine Vorhänge hatte. Das erinnerte ihn an den Aufbruch in die Sommerfrische, an die Examensangst und an das Gespött der Mädchen, und später dann, an den Militärdienst. So von Erinnerung zu Erinnerung wandelnd kam er auf ganz neue Ideen. Das Glück, dachte er, ist damals von einer anderen Qualität gewesen, manchmal verbunden mit undefinierbarer Angst, mit seltsamen Überraschungen sogar, wie zum Beispiel der, Fische in einem unterirdischen Bach zu entdecken, oder sich mit seiner Familie als Zeichenlehrer an einer städtischen Schule etabliert zu sehen, inmitten der melancholischen Stadt, die er nur einmal flüchtig gesehen hatte; einer Stadt ohne Vororte und von der Welt isoliert, ganz hinten in einem Tal, das von hohen und abweisenden Bergen eingeschlossen ist. Da hätte Monsieur Dudron, endlich zur Ruhe gekommen, ein abgeklärtes Leben voll kleiner Freuden führen können. Er wäre am Morgen früh aufgestanden, hätte seinen Milchkaffee auf einer verglasten Veranda getrunken, hoch über einem Bach, der sich zwischen dunklen, bemoosten und mit Farnen bewachsenen Steinen hindurchdrängt, aus dem sein Sohn mit einem wassergrünen Netz Forellen zum Mittagessen fischt; er hätte seinen Stock und Hut genommen und wäre mit dem elastischen

Schritt des selbstzufriedenen und gesunden Mannes zu Fuss bis zur Schule gegangen; dort hätte er Zeichenunterricht gegeben und die Werke seiner Schüler korrigiert und ihnen Ratschläge erteilt, beispielsweise wie man Schatten durch kreuzweise Lagen von sorgfältig gezogenen, parallelen Bleistiftstrichen auf dem Papier erzielt. Er hätte sich zwei Stunden lang unter Pausen und Lithographien aufgehalten, die Bäuerinnen in pittoresken Kostümen darstellen, einen Krug in der Hand und an Ruinen gelehnt, vor der römischen Campagna; oder mit Gipsmodellen von ausdrucksvollen Köpfen, sogenannten *têtes d'expression*; unter Magdalenenmodellen mit zum Himmel gerichteten Augen, in Gegenwart eines zur Schulter geneigten Kopfes von Alexander dem Grossen, oder dem von König Belsazar oder Homer, mit seinem matten und getrübten Blick, aber auch unter Modellen von zahlreichen Füssen in verschiedenen Stellungen, von Legionärsfüssen, Schauspielerfüssen auf Kothurnen, Füssen von Göttinnen und Nymphen, um die sich leichte Bänder schlingen, Füssen von Tänzerinnen in leichten und graziösen Haltungen; ferner Modellen von Händen, Händen von Kriegern, die den Griff eines Schwertes umklammern, von Rednerhänden, die sich einer unsichtbaren Menschenmenge entgegenstrecken, in einer Stellung, die das gesprochene Wort begleitet und seine Wirkung verstärkt, und von Frauenhänden in liebreizenden Posen, wenn sie ihren Schleier heben, oder in zärtlichen Posen, wenn sie den Kopf eines pausbäckigen und gelockten Kindes an die Brust drücken.

Um zwölf wäre er mit dem Unterricht fertig gewesen. Monsieur Dudron hätte den Hafen entlang spazieren und zusehen können, wie mit Menschen und Waren vollgepackte Schiffe die Anker lichten, oder er hätte mit den Sirenen sprechen können, deren Gewohnheit es ist, jeden Tag punkt zwölf dem Wasser zu entsteigen und sich mühsam auf die Steinbrocken der im Bau befindlichen Hafenmole hochzuziehen, um sich dann auszustrecken und an der Sonne zu wärmen. Manchmal schauen sie mit aufgestützten Ellbogen, das Kinn in den Händen, mit unendlich traurigem Blick auf die Stadt, die rauchenden Schlote der Fabriken, die Kathedrale, die Türme des Rathauses, den Fluss, der mitten durch die Stadt fliesst und unter der Sonne glitzert und über den sich Brücken schwingen, die wahre Kunstwerke sind. Traurig und vor sich hinträumend hören sie dem Lärm dieser Stadt zu, die sie niemals kennen werden.

Monsieur Dudron richtete seine Augen pausenlos auf die schönste der Sirenen. Er sah sie als eine Figur, wie sie uns manchmal im Traum begegnet. Ihr Blick glich den Augen der Statuen. Leise und mit belegter Stimme sprach sie zu ihm von ihrem Sohn, jenem Alfred, den sie romantisch liebevoll Alfredo nannte. Sie hatte ihn in der fernen und wenig zivilisierten Stadt zurückgelassen. Sie hätte gerne einen Maler aus ihm gemacht, denn das Kind, das damals nur acht Jahre alt war, hatte viel Begabung an den Tag gelegt. Als er zu Weihnachten einen Aquarellkasten erhielt, malte er auf einem Blatt Papier den wunderbaren Kopf eines brüllenden Tigers. Alle, die dieses Bild gesehen hatten, waren sich darüber einig, dass es wegen des wilden Ausdrucks des Raubtiers in der Tat furchterregend war. Ein anderes Mal ass Alfredo in einem Restaurant mit seinem Onkel zu Mittag, der sich infolge falscher geschäftlicher Spekulationen in einer misslichen Lage befand. Als der Kellner die Rechnung brachte, bemerkte der Onkel, dass das Geld, das er bei sich trug, nicht reichen würde. Alfredo nahm daraufhin einen Teller, schwärzte ihn über der Flamme einiger Streichhölzer, worauf er mit der Kravattennadel seines Onkels den herrlichen Kopf eines Araberhengstes mit feurigen Augen und bebenden Nüstern in den Russ ritzte. Das war mit so viel Talent gezeichnet, dass der Wirt höchst entzückt war, als er diesem den Teller zur Begleichung der Rechnung anbot und dabei feststellte, er fühle sich mit diesem kleinen Meisterwerk reichlich belohnt.

Aber Monsieur Dudron konnte sich nicht um Alfredo kümmern, zumindest augenblicklich nicht. Er hatte andere Fälle erlebt und wusste aus Erfahrung: Was die Leute sagen, stimmt nur bis zu einem gewissen Grad. Monsieur Dudron misstraute grundsätzlich den Wunderkindern, obwohl er im Fall von Alfredo glaubte, der sei ganz einfach begabt!

«Was soll's», dachte Monsieur Dudron bei sich, «man ist nicht grundlos Sohn einer Sirene. Ich selbst habe gehört, dass die Söhne von Sirenen unter anderem das Glück haben, in ihrem Leben nie Gefahr zu laufen, sich in eine Frau zu verlieben. Sie sind gegen diese Gefahr immun, weil sie immer in ihre eigene Mutter verliebt sind. Im übrigen bleiben Sirenen sehr lange jung und schön. Ich erinnere mich sehr gut, wie ein Kapitän der Handelsmarine einmal berichtete, er kenne den Sohn einer Sirene, damals ein Mann von gut sechzig Jahren, dessen Mutter immer noch sehr begehrenswert sei. Der gleiche Kapitän meinte überdies, das liege alles am Salzwasser. Er hielt seine Frau an, auch im Winter Meerwasserbäder zu nehmen, zu welchem Zweck die Hausangestellten jeden Morgen ganz vorne an der Mole einen Eimer nach dem andern mit Wasser füllten und in die Badewanne leerten. So wurde die Typhusgefahr gebannt, die bestanden hätte, wenn sie so unvorsichtig gewesen wären, ihre Eimer am Kai dort aufzufüllen, wo die Abwasser ins Meer fliessen.»

Inzwischen war Monsieur Dudron schon längst draussen vor der Stadt. Er gab es auf, dem Faden seiner Erinnerungen, Träumereien und Phantasien zu folgen und begann die Landschaft seiner Umgebung zu betrachten. Er lief nun langsamer, rauchte Pfeife und schaute um sich. Der Fluss war hier sehr breit und schmutzig. Er wälzte sich langsam vorwärts und glänzte unter der mit ihren Strahlen geizenden Sonne. Das höher gelegene rechte Ufer kontrastierte mit dem langgestreckten flachen Ufer auf der linken Seite, wo eine leichte Gegenströmung das Wasser aufschäumen liess. Dahinter zogen sich weite Getreide- und Maisfelder sowie manchmal auch grosse Gemüsefelder. Überall sammelten klug zugeordnete Bewässerungsgräben das reichliche Wasser und verteilten es. Da und dort standen nahe bei den Dörfern mit gräulichen Häusern Gruppen von Bäumen, darunter alte Apfel- oder Eukalyptusbäume, deren Laubwerk während der ganz besonders heissen Hundstage des letzten Sommers teilweise verbrannte. An den Ufern hockten zahlreiche Fischer, die aufmerksam die leisesten Bewegungen der an ihren Ruten hängenden Zapfen beobachteten. Bei jedem Sirenensignal der vorbeifahrenden Schiffe schossen aus dem hohen Gras Enten, Krähen, Raben, Elstern und Sperber in die Höhe...

Die grosse Strasse längs des Flusses war jetzt leer, während die Zahl der auf dem Fluss auf- und abwärts fahrenden Schiffe nicht geringer wurde. Darunter gab es sogar Torpedoboote mit grau gestrichenen Kanonen, von denen einige mit wasserdichten und Ölflecken übersäten Planen zugedeckt waren; aber auch Zollschiffe und Handelsschiffe von ziemlich grosser Tonnage sowie schmale und elegante Segelyachten mit frisch gestrichenen Flanken, die ein kleines Beiboot wie Spielzeug hinter sich herzogen.

Je weiter sich jedoch Monsieur Dudron von der Stadt entfernte, desto seltener wurden die kleinen Marktflecken. An den Ufern rauchten wild die Ziegeleien, deren Rauch sich mit dem der Schiffe vermischte und die Luft verschmutzte. Langsam brach der Abend herein. Die Luft wurde kühl und am hellen Himmel glänzte die Mondsichel. Bald folgten symmetrisch gestaffelte weisse Dünen, die sich im Halbdunkel verloren. Monsieur Dudron bemerkte nun, dass er sich sehr weit von der Stadt entfernt hatte. Er fühlte sich etwas müde und dachte, es wäre wohl besser, sich auszuruhen und etwas zu trinken, denn Durst hatte er auch. An der Strasse lockte eine kleine Kneipe mit einigen rustikalen Holztischen und Stühlen davor. Links von der Tür war ein grosses Fenster, an dessen Scheibe mitten über drei pyramidenförmig angeordneten Kugeln zwei Billardstöcke aufgemalt waren.

Monsieur Dudron setzte sich an einen der Tische und versuchte, sich durch Rufen bemerkbar zu machen, um ein Bier zu bestellen. Weil die Reaktion ausblieb, erhob er sich wieder und näherte sich der Bartür. Drinnen war es sehr dunkel und er konnte niemanden ausmachen. Vermutlich war er selbst aber von drinnen deutlich sichtbar, denn er hörte, wie ihn eine ihm bekannte Stimme beim Namen rief. Plötzlich stand ein Mann von freundlichem und intelligentem Benehmen vor ihm, dem Monsieur Dudron sogleich herzlich die Hand reichte. Es war ein Maler, den Monsieur Dudron vor zehn Jahren kennengelernt hatte. Er war ihm freundschaftlich verbunden, denn er hatte bemerkt, dass dieser Maler ein überaus korrektes und normales Urteil über Kunst hatte. Er liebte die schöne Malerei und verabscheute den *Bluff* jener form- und substanzlosen, faden und platten Malerei, die man modern nennt, und unter deren Deckmantel aus Pseudointelligenz und Pseudosensibilität sich absolute Ohnmacht und Ignoranz verbergen. Monsieur Dudron lud seinen Freund ein, sich zu ihm an den Tisch zu setzen. Endlich erschien der Garçon. Er bestellte einen halben Liter des süsslichen und leicht nach Rauch schmeckenden Weins, den er ganz besonders liebte. Es handelte sich um eine Spezialität dieser Gegend.

«Sehen Sie, mein lieber Kollege», sagte Monsieur Dudron, «in Sachen Wein bewahrt man hier noch Traditionen, die bis in die Zeiten der alten Römer zurückreichen. In seinen Versen erwähnt Catull den berühmten *fumosus phalernus*, der zu Lebzeiten des Dichters sehr geschätzt wurde und aus Trauben der Weinberge des *agrum phalernus* in der Umgebung Neapels gemacht wird. Catull

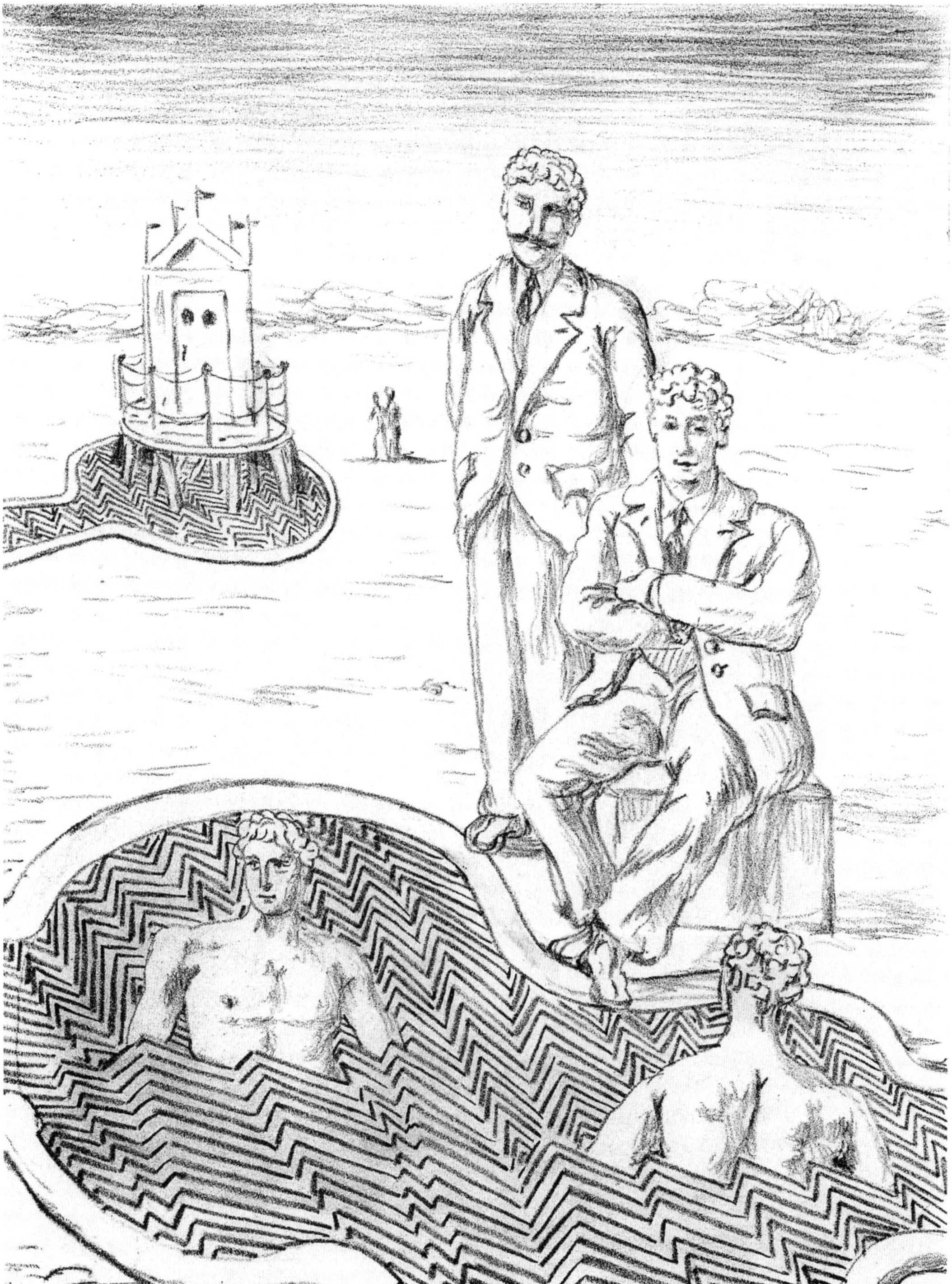

nennt ihn *fumosus*, weil er einen rauchigen Geschmack hat. Die Römer hatten die Gewohnheit, diesen Wein in grossen tönernen Amphoren unter dem Dach zu lagern. Sie streuten genügend Sand aus, um die spitz auslaufenden Amphoren darin so einstecken zu können, dass sie aufrecht stehen blieben. Hernach brachten sie im Dachboden neben den Amphoren eine Öffnung an, durch die der Rauch des *focus*, des Herdfeuers, aufstieg, so dass der Wein nach mehr oder wenig langer Zeit seinen Geschmack annahm. Um den Wein zu versüssen, versetzten sie ihn vor dem Trinken mit Honig. Vermutlich unterscheidet sich der Wein, der jetzt vor uns steht, nicht stark von demjenigen, den Catull zu seinen Mahlzeiten trank.»

Erst schenkte Monsieur Dudron seinem Freund und hernach sich selber ein, sie stiessen an und wünschten einander Glück. Zuerst sprachen sie über allerlei beliebige Dinge, um schliesslich über die Malerei zu diskutieren, ihr liebstes Thema.

Monsieur Dudrons Freund war ein sehr seriöser Maler, der seine Kunst liebte und ständig versuchte, sich darin zu vervollkommnen. Er hatte einen Kieker auf die modernen Maler, welche die Form vernachlässigen oder vielmehr vernachlässigen müssen, weil sie unmöglich in der Lage sind, Form darzustellen. «Finden Sie nicht auch, lieber Kollege», sagte er zu Monsieur Dudron, «dass die Maler heute überhaupt kein Gefühl mehr für die Form haben. Und doch ist die Form in der Malerei das wichtigste. Ohne Form könnte es gar keine Bilder geben; die ganze Evolution der Kunst ist ein einziges Streben nach Perfektion der Form. Aber eben, die Form ist auch die am schwierigsten auf einer Leinwand zu verwirklichende Aufgabe, und wie Sie nur zu gut wissen, dauerte es Jahrhunderte, um die Perfektion und Meisterschaft eines Tizian, eines Velazquez oder eines Rubens zu erreichen. Über Formfragen, die mich in der Malerei mehr als alles andere beschäftigen, habe ich in einer in unserer Stadt erscheinenden Kunstzeitschrift einen sehr interessanten Artikel gelesen. Sie heisst *Talent*, ist sehr gut gemacht, unvoreingenommen, und publiziert bewundernswerte Artikel von Isabella Far. Der erwähnte Artikel handelt von der Form in der Kunst. Ich habe ihn bei mir und werde Ihnen daraus vorlesen, falls Sie ihn noch nicht kennen und das überhaupt wünschen.»

«In der Tat, mein lieber Freund», antwortete Monsieur Dudron, «ich kenne diesen Artikel tatsächlich nicht, wohl aber die Schriftstellerin Isabella Far, die ein wahrer Ausbund an Intelligenz und philosophischem Talent zu nennen ist. Ich sehe sie öfters und verbringe ganze Stunden damit, ihren aussergewöhnlichen Ausführungen über die Malerei und andere Dinge zu folgen. Ich werde ganz Ohr sein, wenn Sie so freundlich sein wollen, mir diesen Artikel vorzulesen.»

Monsieur Dudrons Freund stand auf, holte den fraglichen Artikel aus der Tasche seines Überziehers, kam zurück, setzte sich wieder, nahm einen Schluck Wein, zündete seine Pfeife an und begann zu lesen:

«Die Form in der Natur und in der Kunst. Von Isabella Far.

Unbestritten ist die Form in der bildenden Kunst sehr wichtig. Je vollendeter ein Bild oder eine Skulptur sind, desto vollkommener kommt darin die Form zum Ausdruck. Die Form verleiht einem Bild oder einer Skulptur Noblesse, Schönheit und Mysterium.

Der Ausdruck der Form erreichte ihren Höhepunkt in den am höchsten entwickelten und glücklichsten Epochen der Kunst. Während dieser Epochen entfalteten sich Genie und Talent der Maler und Bildhauer am vollkommensten. Während diesen für das menschliche Genie goldenen Zeitaltern wurde die ideale Form verwirklicht. Die Idee, ein an sich abstraktes Phänomen, konnte sich damals voll und ganz in einer plastischen und konkreten Form zeigen. Die goldenen Zeitalter, von denen ich spreche, sind die Renaissance und die darauf folgenden Epochen, und ganz gewiss nicht diejenigen, da die Primitiven am Zug waren, die ihre Ideen und Konzepte nur zum Teil realisieren konnten.

In den Meisterwerken der Kunst ist die Form evident und gleichzeitig irreal. Man könnte sagen, dass sie nicht zu dieser Welt gehört, so ganz verschmilzt sie mit der sie umgebenden Atmosphäre; diese Fusion nimmt der Form ihre Härte, welche die Dinge in der wirklichen Welt besitzen.

Die Redewendung *die harte Realität*, hat ihren Ursprung sicher in der Härte der uns umgebenden Formen.

Um die Form ausdrücken zu können, die sich von der umgebenden Atmosphäre abhebt und dennoch mit ihr eins ist und dadurch zu etwas Mysteriösem und Irrealem wird, bedurfte es einer progressiven und konstanten Intelligenz. Sie verlieh den Künstlern die Meisterschaft, die zur Vollendung einer solchen Aufgabe erforderlich ist.

Nicht nur in der Kunst, sondern auch *in der Natur ist die Form der Ausdruck der universellen Evolution*. Von Kindesbeinen an strebt der Mensch instinktiv danach, eine Form zu kreieren. Schon ein kleines Kind versucht, kaum hält es Materie in seinen Händen, die wie Sand, Erde oder Schnee an sich formlos ist, aber desto formbarer, instinktiv etwas zu bilden, das eine Form ausdrückt. So soll es sein, denn seit Urzeiten ist das Universum damit beschäftigt, Materie, die an sich formlos (oder Schöpfung im ersten Zustand) ist, in Materie zu verwandeln, die sich in einer Form ausdrückt (Schöpfung in einem weiter fortgeschrittenen Zustand). Je vollkommener und komplizierter die Form, desto näher ist sie ihrem höchsten Ausdruck, einer vollkommenen Harmonie, einer *harmonie sublime*.

Grosse Kunst ist eine Brücke, die unsere Erde mit dem Jenseits verbindet. Die für diese gefahrvolle Reise in eine andere Welt vorbereiteten Gedanken können seelenruhig über diese Brücke gehen und sich weit vorwagen, denn ihr Rückweg ist dank der soliden Konstruktion der Brücke gegen Einsturz gesichert. Tatsächlich treten bei Künstlern die Fälle von Wahnsinn sehr selten auf, während Philosophen und andere Erforscher des Unbewussten beständig der Gefahr des Wahnsinns ausgesetzt sind, der ihnen nicht von der Seite weicht und immer auf der Lauer liegt, um bei der erstbesten Möglichkeit zuzuschlagen.

Die von der Natur erschaffene Form ist das Resultat einer Verwandlung, die von einer universellen Bewegung erzeugt wird. Diese Form führt uns das Mysterium der Schöpfung auf die deutlichste Art vor Augen; sie zeigt uns, was sich mit träger Materie alles machen lässt, sie kann als das Grundprinzip angesehen werden, während die Form das Ziel ist. In der Kunst, ein Produkt des Genies, führt uns die Form das Mysterium der Schöpfung noch evidenter vor Augen als in allem anderen, was sie sonst in der Natur vollbringt.

In der Malerei ist die Form reines Ideal, das heisst sie ist immateriell. Die Skulptur dagegen zeigt uns die konkrete Form, die aus Materie besteht und als Volumen existiert. In der Skulptur liegt das grosse Mysterium allein in der Ausführung und in ihrer genialen Konzeption.

In der Malerei ist die Form viel schwieriger zu realisieren. Während in der Skulptur mit formbarem Material wie Wachs oder Ton gearbeitet wird, oder mit einem Stoff, der wie ein Marmorblock ein konkretes Volumen aufweist, wird in der Malerei die Form nicht mit Materie verwirklicht. Sie ist hier zwar so evident wie das Volumen, aber an sich formlos, eine metaphysische Materie unter Zuhilfenahme einer physischen Materie, die als Volumen beinahe gar nicht existiert. Das wirkliche Volumen dieser Materie hat tatsächlich keinen direkten Zusammenhang mit dem Volumen der dargestellten Form.

In der Malerei wird das Volumen von derjenigen metaphysischen Materie geschaffen, die im weitesten Sinn die physische, aber nicht formbare Materie hervorbringt, welche als Volumen inexistent ist, aber alle Volumen und alle Formen ausdrücken kann.

Der Ursprung der Malerei muss im Wesen des menschlichen Denkens gesucht werden, denn das menschliche Denken drückt sich nicht, wie fälschlicherweise angenommen, in Worten aus. Die klassische Frage: ‹In welcher Sprache denken Sie?›, die regelmässig demjenigen gestellt wird, der fliessend verschiedene Sprachen spricht, ist sinnlos, denn wir denken in keiner Sprache. Gedanken bestehen aus einer Folge von Bildern oder von bildlichen Darstellungen, die mit ausserordentlich hoher Geschwindigkeit ins Gehirn des Menschen eindringen. Diese Bilder oder Visionen, in denen die Form das vorherrschende Element ist, sind dann präzis, wenn das Objekt vollständig definiert und individualisiert ist, und dann unpräzis, wenn das Objekt aus einer allgemeinen Vorstellung besteht, das heisst, wenn das Objekt zwar eine bestimmte Form hat, die aber keine individualisierenden Details aufweist. Folgendes Beispiel: Ein Mensch besitzt ein Haus. Wenn er an dieses Haus denkt, sieht er es im Geiste mit allen seinen Details, die es von allen andern Häusern unterscheidet. In diesem Fall ist es ein präzises Bild, das sich dem Geist präsentiert. Wenn aber eine Person aus irgendeinem Grund gezwungen ist, ein bestimmtes Haus zu suchen, denkt sie vorerst an ein noch unbekanntes Haus und ihr Hirn gibt ein Bild ihrer Vorstellung wieder, die sie ganz allgemein von einem Haus hat. Dieses Bild ist unpräzis, drückt aber immer noch die Form eines Hauses aus, allerdings ohne die persönlichen Details, die es näher definieren.

Die Gedanken und Visionen haben unbestritten ihre eigenen Farben. Doch ihre grösste Stärke *liegt im Ausdrücken der Form*. Diese abstrakte Form, die in diesen Gedanken-Bildern zum Ausdruck kommt, diese Form, die ohne Zuhilfenahme von Materie mit konkretem Volumen verwirklicht wird, hat den Menschen zum Malen geführt. In den alten ägyptischen Schriften wird die Behauptung, dass der Gedanke ein Bild oder eine Vision ist, allein schon durch die Tatsache bestätigt, dass die ersten Schriften aus Zeichnungen der beschriebenen Dinge bestanden. Hinzuzufügen ist, dass es sich um Zeichnungen handelt, welche die Form und nicht die Farbe der Gegenstände, die sie bezeichnen wollten, darstellten.

Die Menschen haben versucht, ihre Gedanken direkt, ohne Zwischenstufen, also in diesem Fall ohne Worte, auszudrücken. Sie griffen geradewegs auf das Bild zurück, welches der direkte Ausdruck der vom Denken ohne jede konkrete und formbare Materie realisierten Form ist. Zu bemerken wäre hier, dass die dem Denken zugrundeliegende Form gleichzeitig auch die Basis unserer gesamten Intelligenz darstellt.

Die Form, die von unserem Gehirn reflektiert wird, hat uns die Möglichkeit gegeben, zu denken. Es ist die immaterielle Form, die es unseren Gedanken ermöglicht hat, sich weiter zu entwickeln, sich immer mehr von der Realität zu lösen und so zur Abstraktion vorzudringen. Philosophie, Musik, Wissenschaft, all das ist aus der Form entstanden. Alle Schöpfungen unseres Geistes haben ihren Ursprung erstens in der von der Natur hervorgebrachten Form und zweitens und voran in der immateriellen Form oder dem Ideal. Diese immaterielle oder ideale Form ist aus der ursprünglichen, sich uns direkt zeigenden Form heraus entstanden, oder anders gesagt, sie ist aus den in der Natur existierenden Formen heraus entstanden.

So wie das Sonnenlicht vom Mond aufgefangen und reflektiert, so wird die unmittelbare Form vom menschlichen Gehirn wahrgenommen, das diese Form in die Welt projiziert. Dieser Sachverhalt hat die Schritt für Schritt sich vollziehende Entwicklung der menschlichen Intelligenz in Gang gebracht.

Wenn man die Bedeutung der Form verstanden hat und auch den Sinn der Form als Resultat einer progressiven, notwendigen und schicksalhaften Evolution, dann liegt der Schluss nahe, dass eine Kunst, welche nicht wie die griechische die vollkommene Form ausdrückt, eine Kunst, welche die Form nicht mindestens so perfekt wie möglich auszudrücken versucht, wie dies während der Blütezeiten der Kunstproduktion der Fall war, eine Kunst, aus der die Form, wie dies heute der Fall ist, völlig verschwunden ist, dass also eine solche Kunst ein negatives Phänomen darstellt – ein Phänomen, das den Beweis liefert, dass nicht nur das Genie, sondern letztlich auch der gesunde Menschenverstand im Verfall begriffen ist.

In der zeitgenössischen Kunst, gleichgültig ob in der Malerei oder der Skulptur, ist die Form fast immer inexistent. In der modernen Skulptur sind Härte und Festigkeit an die Stelle von Plastizität und künstlerischem Volumen getreten. Die konkrete Form, die dank des Talentes der Alten Meister auf mysteriöse Art nicht mehr zu greifen ist und uns deshalb als etwas Irreales erscheint, diese magische Form, die nicht mehr in unsere Zeit hineinpasst, ist für uns wie die Vergangenheit verschwunden. Wenn ich mir die Skulpturen ansehe, die heute gemacht werden, so kommt es mir vor, als ob ich mit den Augen an ihrer Härte abprallte, weil sie härter ist als die Härte, welche die Formen in der Realität aufweisen.

In der modernen Malerei ruft die Form, oder vielmehr rufen die Flecken, welche eine Form darstellen sollten, den Eindruck von etwas Monströsem, Ekelerregendem, Antiplastischem par excellence hervor. Die Form in den modernen Bildern ist nicht mehr konvex und konkav, sondern vor allem konkav und somit die Negation der Form, oder vielmehr die Vernichtung der Form, die in diesem Fall durch die Leere ersetzt wird. Die Inexistenz der Form in der modernen Malerei ist eine Folge der Inexistenz des Volumens. Und doch offenbaren sich die Dinge zunächst und vor allem in ihrem Volumen und erst nachher durch ihre Farbe.

Erklärungen, die für das Fehlen der Form in der modernen Malerei gesucht wurden, ändern an dieser Tatsache nur wenig. Ich möchte allen den Wind aus den Segeln nehmen, die behaupten, dass die Form in der Malerei etwas ist, mit der sich der Künstler intuitiv auseinandergesetzt hat. Daraus folgt, dass die Intuition das Genie des Künstlers verwandelt und vermittelt hat, ohne dass sein menschlicher Verstand, der mit seinem Genie nichts zu tun hat, zur Bildung dieser Form beigetragen hätte. Das ist gewiss alles richtig, weil ein richtiges Kunstwerk niemanden, weder denjenigen, der es betrachtet, noch denjenigen, der es geschaffen hat, veranlassen sollte, darüber nachzudenken, es zu kritisieren, es der Überraschung oder verschiedenen Exkursen auszuliefern, sondern es sollte lediglich Befriedigung und nichts als Befriedigung verschaffen, mit andern Worten, einen Zustand herstellen, aus dem die Argumentationen eliminiert wurden.

Die Lawine von Worten, Erklärungen, Annahmen, Aufregungen, unsinnigen Diskussionen etc., von der modernen Kunst ausgelöst, deutet genau darauf hin, dass *die moderne Kunst keine Befriedigung verschafft*. Ein befriedigter Mensch schweigt still, deshalb applaudieren die Kunstliebhaber, die Produzenten und alle anderen, die als Stützen der modernen Kunst gelten, pausenlos.»

Monsieur Dudrons Freund, der die Lektüre von Isabella Fars Artikel über die Form beendet hatte, hüllte sich in Schweigen. Auch Monsieur Dudron verharrte still. Dann zog er seine Pfeife hervor, stand auf und begab sich zur Theke, um den Wein zu bezahlen. Er kehrte zu seinem Freund zurück und schlug ihm vor, nun noch ein Stück Wegs mit ihm gemeinsam zu gehen.

«Sehr gern, lieber Kollege», gab ihm dieser zur Antwort. «Gerne begleite ich Sie noch ein Stück weit. Es ist ein herrlicher Abend heute, friedlich und lau. Nachdem ich Ihnen den wunderbaren Artikel über die Form vorgelesen habe, möchte ich nun noch etwas erzählen, das Sie interessieren dürfte, obwohl es keinen direkten Bezug zur Malerei hat. Jedenfalls verdiente es Ihre Aufmerksamkeit, der Sie doch den äusserst konkreten Geist eines gehobenen Handwerkers haben, verbunden mit der Seelentiefe eines Poeten und Metaphysikers. Sie wissen sicher, lieber Freund, dass es in der Umgebung, oder besser neben der Stadt, in der ich wohne, eine Art Hügel gibt, der auf der einen Seite von Felsen eingefasst wird, welche das weisse Häusermeer der Stadt gleich einem überhängenden Felsvorsprung mit gotischen Apostelprofilen überragen; auf der andern Seite zieht sich der Hügel in einem sanft abfallenden Hang vom Gipfel bis zur Ebene. Auf diesem Hügel sieht man die Umrisse von Tempeln, Heiligtümern und anderen antiken Bauwerken, oder vielmehr von dem, was von diesen Bauten übrigblieb, weil sie alle mehr oder weniger verfallen sind. Bruchstücke dieser Ruinen liegen am Boden neben dem, was von ihnen noch steht. Abends, wenn die Luft klar ist und der Mond die schlafende Akropolis in sein weiches Licht taucht, ist das Schauspiel so suggestiv, so spannend, dass es einem das Gefühl gibt, dort oben herrsche eine andere, nur schwer auszudrückende Glückseligkeit, die es verdiente, nur von grossen Poeten und Denkern erlebt zu werden, die sich langsam zwischen den Bäumen des Paradieses ergehen. Alles in allem hat man den Eindruck von einer Atmosphäre, die so verschieden von allem andern ist, das uns umgibt, dass ich mehr als einmal versucht war, eine ganze Nacht dort oben zu verbringen, eine Vollmondnacht, allein unter den Ruinen, zu meinen Füssen die Stadt, in die Stille der Nacht eingetaucht, und über meinem Kopf das hohe Gewölbe des ewigen Himmels.

Wie oft habe ich diese Akropolis besucht, wie viele unvergessliche Stunden vor diesen sublimen Resten einer glorreichen Vergangenheit verbracht und mich in Phantastereien und Meditationen aller Art ergangen. Doch jedes Mal war es hellichter Tag, inmitten Touristen und Besuchern wurde ich von verärgerten Wächtern beobachtet, während ich nichts so sehnlichst wünschte, als eine Nacht ganz allein dort im Mondenschein zu verbringen. Doch meinen Traum zu verwirklichen war keine leichte Sache, weil nach Sonnenuntergang die Tore wie in einem Museum geschlossen werden. In der Tat wird die Akropolis genau wie ein Museum geführt und nicht wie ein Ort der Poesie und Meditation, wo ein jeder wie in einer Kirche freien Zutritt hat.

Als mein Vater noch lebte, war das anders, da konnte man Tag und Nacht die Akropolis besuchen. Heute bezahlt man am Tag Eintritt, nachts ist nichts zu machen, selbst wenn Sie unbedingt da rein wollen; Sie müssen einfach darauf verzichten. Es heisst, das sei wegen der Liebespaare, die sich nachts dort oben einfanden und sich ihren wenig keuschen Spielen hingaben. Das ist gewiss richtig, doch hätte es genügt, einige stramme Wächter mit der nächtlichen Überwachung zu betrauen und demjenigen, der die Vorschriften missachtet oder durch sein Verhalten die Moral verletzt, hohe Bussen oder einige Monate Gefängnis anzudrohen.

Letzten Sommer war es endlich soweit, ich hielt es nicht mehr aus und begann ernsthaft zu überlegen, was ich unternehmen könnte, um mich nachts vor Schliessung auf der Akropolis zu verbergen und dort oben die Nacht zu verbringen. Da fiel mir ein, gelegentlich Insekten beobachtet zu haben, die man Tausendfüssler nennt und die mir immer riesigen Horror einjagten, weil sie mich an kriechenden Unrat erinnerten. Wenn eines dieser Insekten sich auf einer Mauer oder einer andern Unterlage fortbewegte und an eine Stelle kam, die eine ähnliche Farbe oder Tönung hatte wie es selbst, machte es keine Bewegung mehr; es musste merken, dass es da weniger sichtbar ist und hoffte, mit seinem Verhalten einer drohenden Gefahr entfliehen zu können. Genauso machen es die Wachteln. Mein Vater hat mir erzählt, wenn dieser Wandervogel, dessen Kopf Sie selbst, Monsieur Dudron, so beunruhigend finden, sich auf einen Boden setzt, dessen Farbe der seines Gefieders gleicht, er sich dann nicht mehr regt und selbst die leiseste Bewegung unterlässt, so dass der sich nähernde Jäger auf der Suche nach der Wachtel an dieser achtlos vorbeigeht.

Ob allem Nachdenken über die merkwürdigen Instinkte der Tiere und sogar der Insekten kam mir die Idee, mich weiss anzukleiden, um zwischen den weissen Ruinen weniger sichtbar zu sein. Zu diesem Zweck beschaffte ich mir einen weissen Anzug, weisse Schuhe mit Gummisohlen und eine weisse Mütze; ich steckte weisse Leinenhandschuhe und eine Büchse mit weissem Talk und Reispuder in die Tasche. Am Tag, von dem ich wusste, dass Vollmond sein würde, rasierte ich mich sorgfältig, bezahlte meinen Eintritt und stieg mit der selbstverständlichsten Miene der Welt zur Akropolis hinauf.

Ich begann zwischen den Tempeln und all den Heiligtümern umherzuschlendern. Ich schaute über die weite Landschaft, die sich bis zum Meer erstreckt, das in der Ferne glitzerte. Schliesslich interessierte ich mich für die Wege und Umwege der Besucher, die, ein Buch in der Hand, die Bauwerke studierten. Ihren Gesichtern war anzusehen, dass ihnen dies nur ein relatives Vergnügen bereitete. Seltsam, ich habe mich oft gefragt, warum so viele erwachsene Leute, die frei über ihre Handlungen verfügen und ihren Tag so einteilen können, wie es ihnen gerade gefällt, sich so oft die Mühe machen, ganze Tage lang Museumssäle bis zum Umfallen zu durchkämmen und den Kopf nach oben zu richten, um die mit Gemälden oder Fresken ausgeschmückten Decken zu betrachten, und das tun sie so lange, bis sie einen steifen Nacken kriegen. Ich habe ebenfalls oft darüber sinniert, warum wieder andere erwachsene Leute (oft sind es dieselben), die ebenfalls vollständig frei, ihr eigener Herr und ihres Glückes Schmied sind, sich freiwillig der Strapaze hingeben, ins Konzert zu gehen und dort stundenlang ruhig, aber doch sichtlich erschöpft sitzen zu bleiben, um endlosen Symphonien zuzuhören, die manchmal mehr als eine ganze Stunde dauern.

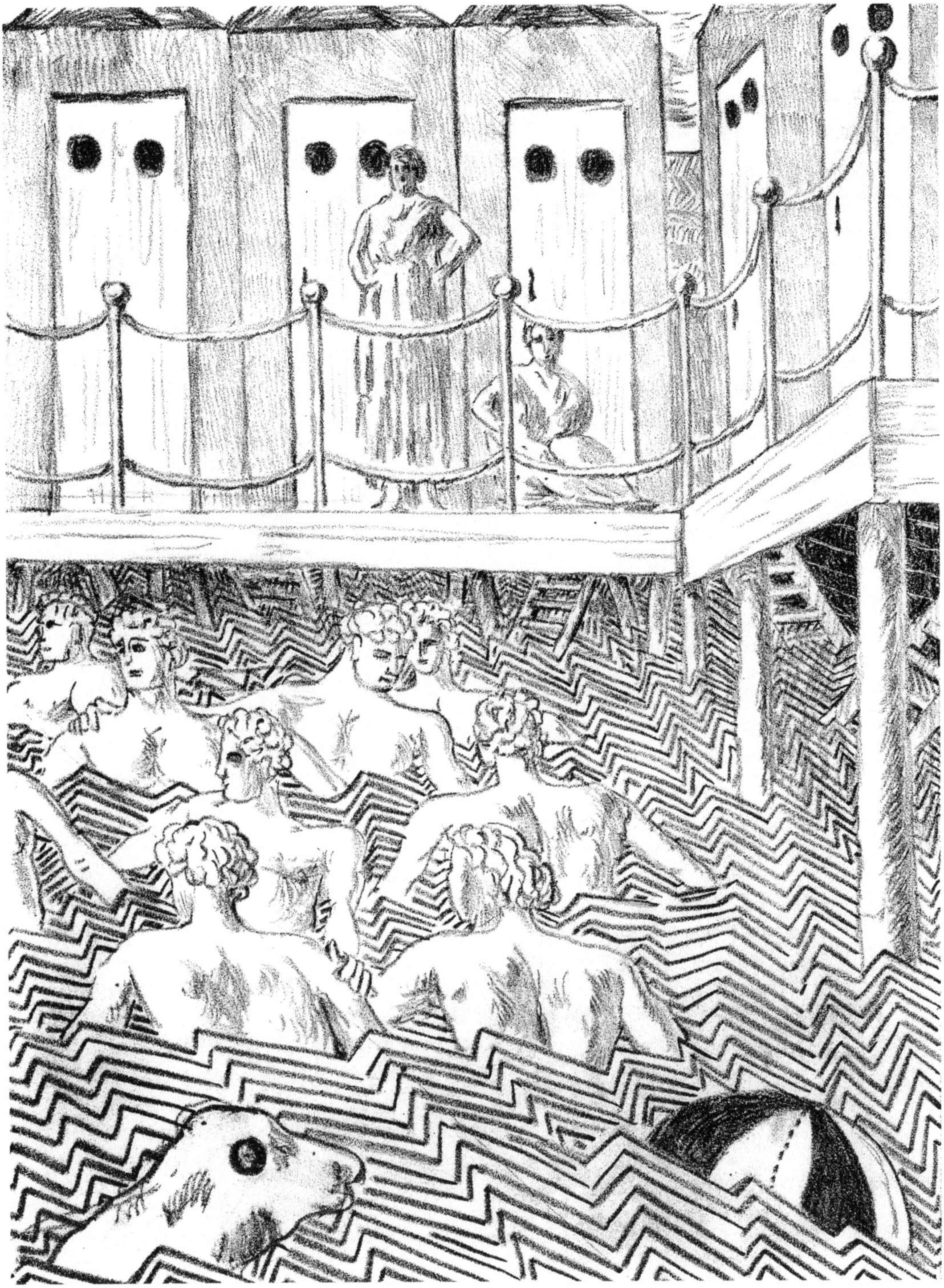

Bei diesem Thema kommt mir in den Sinn, dass mich, als ich noch ein Knabe war, meine Mutter mit auf Reisen nahm und immer, wenn sie in eine Stadt mit einem bedeutenden Museum kam, dieses Museum besuchte; und dass ich mich, nachdem ich Bilder gesehen hatte, die mich nicht sonderlich interessierten, völlig erschöpft ins Hotel zurück schleppte, als wäre ich einer Grippeattacke zum Opfer gefallen. Aber ich war damals eben noch sehr jung, und ich konnte nichts anderes tun, als meiner Mutter zu gehorchen. Hätte ich frei handeln können, machen können, was ich wollte, glauben Sie mir, lieber Freund, ich hätte mich wohl gehütet, mich auf diese Art und Weise kaputt zu machen. Vielmehr hätte ich den Tag damit verbracht, in einer Pâtisserie irgendwelche Süssigkeiten zu essen, Kuchen mit Rahm und Schokoladeneis.

Wie ich bereits sagte, gibt es eine Menge erwachsener Leute, denen freigestellt ist, zu machen, was sie wollen, und die von Malerei möglicherweise noch weniger verstehen als ich zu jener Zeit, da ich die Museen mit meiner Mutter besuchte. Diese Leute haben nicht den geringsten Gefallen daran, ein Bild zu betrachten, so gut und perfekt dieses auch sein mag, und trotzdem laden sie sich solche Unannehmlichkeiten auf, und das mit einer Disziplin, die eines besseren dienlicher gewesen wäre.

Doch kehren wir zu meinem Akropolisbesuch zurück. Ich war nun dort oben und bummelte zwischen den Ruinen herum, ängstlich darauf wartend, dass die Zeit vergehe und die Stunde der Schliessung endlich nahe. Die Zeit verstrich und die Sonne ging am Horizont unter. Aus der Tiefe drang der Lärm der Stadt bis zu mir herauf. Ich hörte das intensive Summen dieses riesigen, aus lauter verschachtelten weissen Würfeln bestehenden Bienenstocks. Aber auch dieses Geräusch verlor sich langsam und kurz darauf hörte ich von weit her die nasale Stimme des Wächters rufen: ‹Wir schliessen!›

Der verhängnisvolle Augenblick war gekommen. Mit zerstreuter Miene tat ich so, als suchte ich den Ausgang und verbarg mich hinter den Mauern einer Ruine. Ich streifte meine weissen Handschuhe über und puderte ausgiebig Hals und Gesicht. Dann kauerte ich mich so zwischen den Steinen, dass möglichst wenig von mir zu sehen war, und wartete.

Im Osten war der Mond am Himmel hinter der violetten Silhouette der Berge aufgegangen. Ein herrlicher Vollmond, real und ganz rund. Er stieg, vom Dunst der Tageshitze noch etwas getrübt, langsam empor. Der Himmel verdunkelte sich. So viel ich verstehen konnte, war der letzte Besucher nunmehr gegangen. Über meinem Kopf tauchten Fledermäuse auf, die sich in der Dämmerung wie betrunkene Vögel benahmen. In der Ferne waren Hundegebell und ein Zug zu hören, der irgendwohin in den Norden fuhr. Ich beschloss, mich nicht eher zu bewegen, bis sich die Nacht ganz gesenkt hätte. Das war klug, denn etwas später hörte ich die Schritte eines Wächters, der langsam auf den Platz zukam, wo ich mich versteckt hielt. Ein kalter Schauer lief mir über den Rücken. Zwei Schritte vor mir blieb er stehen. Er vermutete mich nicht im Geringsten an diesem Ort. Plötzlich überkam mich ein schrecklicher Juckreiz am ganzen Körper. Ich blickte den Wächter an und tröstete mich damit, dass ich kein Hase und er kein Jäger war. Ich sagte mir: Jedenfalls kann er meinen Geruch nicht wahrnehmen. Ich beobachtete ihn, hielt den Atem an und versuchte, die geringste Bewegung zu vermeiden. Er zwirbelte seinen Schnurrbart und liess den Blick in die Ferne schweifen. Dann hustete er, spuckte auf den Boden, und nachdem er eine Pfeife aus der Tasche seines Mantels gezogen hatte, begann er sie zu stopfen. Ich dachte an den Jäger, der neben der Wachtel steht und diese nicht bemerkt. Die Sekunden erschienen mir wie Stunden. Der Wächter zündete seine Pfeife an, spuckte noch einmal aus und machte sich, die Hände auf dem Rücken, langsam davon, dem Ausgang zu. Ich atmete auf. Ich entschied mich, ganz still zu verharren und meine Beine, die mir schrecklich wehtaten, nicht eher auszustrecken, als bis ich das Geräusch des Schlüssels in der Gittertür gehört hätte. Dann endlich würde ich mich ganz allein fühlen. Die Nacht war gekommen. Am Horizont war dort, wo die Sonne untergegangen war, immer noch ein bleiches Licht zu sehen. Gegenüber, wo jetzt der sommerliche Abenddunst verschwunden war, strahlte der Mond hell am Himmel. Sein milder Schein, sanft und feierlich, traf in diesem Augenblick die Säulen und Ruinen, die lange Schatten warfen. Tiefe Stille herrschte. Plötzlich spürte ich ein seltsames Geräusch, als würde über meinem Kopf ein riesiger Vorhang, ein *velarium* weggezogen.

Die übermenschlichen Masken antiker Götter tauchten auf, ähnlich gigantischen Modellen, die an einem Himmel lehnten, der jetzt tief, sehr tief sogar herunterzuhängen schien. Es sah aus, als ob sich der Himmel der Erde bedrohlich genähert hätte. Ich hatte den Eindruck, dass, wenn ich auf eines der am Boden herumliegenden Säulenfragmente gestiegen wäre und mich auf den Zehenspitzen so hoch wie nur möglich gereckt hätte, ich ihn mit den Fingern hätte berühren können. Die göttlichen Masken lächelten. Ein unaussprechlicher *Glaube* beseelte alle Dinge und ich fühlte in dieser unendlich sanften und grossartigen Nacht, *dass das Böse auf einmal verschwunden war*. Die Schulden waren beglichen, die Strafen erlassen und die bösen Träume samt und sonders dort unten begraben, weit weg, im glühenden Sand der verfluchten Wüste. Ich war von allem umgeben, was ich im Leben je geliebt hatte und was mir jemals gewogen war.

Doch nun wollte ich hinunterschauen und die Lichter der Stadt wieder sehen, denn diese ganze Schönheit und Glückseligkeit fingen an, mich ernsthaft zu beunruhigen. Der Wert und die Nützlichkeit des Bösen und aller Widerwärtigkeiten, die einem im Alltag widerfahren, kamen mir zu Bewusstsein. Ich wollte hinunter schauen, sah aber nichts. Aus der Ebene stieg ein angenehmer Ton auf, und über diesem neuen Meer wogte nun, nachdem alle Taue durchtrennt waren, die Akropolis, wie vom Winde fortgetrieben...»

Monsieur Dudrons Freund schwieg. Auch Monsieur Dudron selbst blieb stumm und die beiden Männer wanderten Seite an Seite in die Stille der Nacht hinein. Bald hatten sie die Tore der Stadt erreicht. Weil sie von der langen Wanderung müde geworden waren, lud Monsieur Dudron seinen Kollegen ein, zu ihm in die Wohnung hinauf zu kommen, um sich ein wenig auszuruhen und noch ein Glas mit ihm zu trinken.

Im Atelier von Monsieur Dudron bat dieser seinen Freund, es sich gemütlich zu machen, in einem Sessel Platz zu nehmen und die Beine, um besser zu entspannen, über einem Schemel auszustrecken. Dann holte er eine Flasche alten Weins und zwei Gläser, machte es sich ebenfalls in einem Sessel bequem, und nachdem er den Wein eingeschenkt und sich die Pfeife angezündet hatte, begann er folgendermassen: «Was Sie mir da eben erzählt haben, war sehr schön und tiefgründig. Alles ist mir sehr nahe gegangen und ich bin wirklich froh darüber, dass ich Freunde habe, die zu so seltenen Gefühlen und einsamen Empfindungen fähig sind. Auch ich habe oft geträumt und bin mit der Phantasie auf Reisen gegangen; es waren Reisen auf wenig befahrenen Wegen, auf denen uns das intellektuelle Abenteuer so weit wegtragen kann, dass man riskiert, sich im Wahnsinn zu verirren. So ist es wohl Nietzsche ergangen.

Wir, die wir Künstler und vor allem Maler sind, brauchen etwas anderes, namentlich heute, da in der Malerei eine solche Dekadenz vorherrscht, wie nie zuvor in der Kunstgeschichte. Das Schmerzlichste dabei: Zeitgenossen in grosser Zahl stellen diese Dekadenz böswillig in Abrede, weil es in ihrem Interesse liegt, sie abzustreiten. Sie stellen Theorien auf, um den Erstbesten anzulocken. Zum Glück stinken diese Theorien vor lauter Opportunismus drei Meilen gegen den Wind. Es gibt heute eine Art Verbürgerlichung und Feigheit, die darin besteht, sich vorsichtig unter der Ägide des Modernismus einzurichten und sich ständig unter dem Deckmantel dessen zu bewegen, was sich avantgardistische Kunst nennt. Diese Theorien haben, ein Glück für all diejenigen, für die sie geschmiedet werden, einen Fehler, einen grossen Fehler. Sie erinnern etwas zu stark an die bekannte Fabel *Der Wolf und die Trauben*. Diesen Theorien ist die ganze Unsicherheit und die ganze Unzufriedenheit anzumerken, die ihren Autoren viel Mühe macht, und man spürt den Neid heraus, den sie für diejenigen empfinden, die *die Trauben auch ernten können*.

Es ist spät geworden, mein lieber Freund. Ich schlage Ihnen vor, bei mir zu übernachten und erst morgen mit dem Zug nach Hause zu fahren. Bevor wir uns beide in die Arme des guten Morpheus fallen lassen, möchte ich Ihnen noch vorlesen, was Isabella Far vor kurzem geschrieben hat, sie, die Nymphe und Muse aller wahren Maler wie wir, die arbeiten und kämpfen, dass die Malerei wieder auferstehe und die Kunst in ihren Tempel zurückgeführt werde. Unsere Seite ist heute auf Kampf eingestellt, auf Abenteuer und Zukunft; wir sind es, die [Mangel] empfinden, unter all den Feiglingen da unten, welche die phrygische Mütze tragen, den Sansculotten im Morgenrock, die sich künstlich aufregen und dabei ihre wie von Gelbsucht gezeichneten Gesichter zu Grimassen verziehen.»

Monsieur Dudron stand auf und ging zur Bibliothek, um eines der Bücher von Isabella Far zu holen. Als er es gefunden hatte, kehrte er zu seinem Freund zurück, schlug das Buch auf und begann zu lesen: «*Porträts und Stilleben. Versuch einer philosophischen Kritik*. Von Isabella Far.

Während des Goldenen Zeitalters der Malerei stellte ein Gemälde immer ein Kunstwerk dar. Die Maler brachten Bilder von hohem künstlerischen Wert und von bester Qualität hervor, also wirkliche Kunst. Die Liebhaber von Malerei in diesen glücklichen Zeiten waren, dank der von ihren Vorfahren überlieferten Tradition, mit einem hochentwickelten Kunstsinn ausgestattet und dazu so feinsinnig und edel, wie dies nur im Fall von wirklicher Kultur zutrifft.

Die Künstler und die Kunstliebhaber bewegten sich auf ein und derselben intellektuellen Ebene. Sie hatten dieselbe geistige Klarheit und Überlegenheit. Es gab einen wirklichen Kontakt zwischen den Schöpfern und den Betrachtern von Kunst, weil sie das Verständnis und die Liebe für das erstaunliche und wunderbare Phänomen der Kunst direkt miteinander verband. Heute ist die Malerei keine grosse Kunst mehr. Malerei in unserer Zeit ist nur noch Dekoration und Kommerz, und, wenn es sich um sogenannte moderne Kunst handelt, vor allem die verbissene Suche nach Originalität und einem falschen Ästhetizismus.

Die wahre Ursache für die Entfremdung zwischen den Malern und der wahren Kunst, die bei den modernen Künstlern festzustellen ist, liegt in der plastischen Unmöglichkeit, eine höhere künstlerische Schöpfung zu realisieren. Es ist die künstlerische Impotenz, welche die modernen Künstler gezwungen hat, nach Auswegen und *Ersatz* zu suchen. Das Resultat sind Monotonie und tiefe Langeweile, die alle diese unzähligen Bilder ausstrahlen. Sie sind von der Substanz her immer gleich und qualitativ minderwertig. In ihnen lässt sich nur äusserst selten ein Funken Talent entdecken.

Der Liebhaber moderner Kunst ist dem künstlerischen Niveau unserer Epoche ebenbürtig. Er ist womöglich noch weiter von der Kunst entfernt als ein heutiger Maler. Der Kunstliebhaber vermutet nicht einmal, dass ein Bild vor allem ein Kunstwerk ist. Er glaubt vielmehr, dass ein Bild ein Bild ist und dass der Wert eines Bildes einzig und allein von dem abhängt, was es darstellt. So hat er schön brav triste, schlammige Landschaften akzeptiert, Stilleben, die keine Stilleben sind, oder auch hohle Figuren ohne jegliche Form. Die Liebhaber moderner Kunst geben sich mit solchen wenig anziehenden Bildern aus dem einfachen Grund zufrieden, weil eine ganze Literatur diese an sich nichtssagenden malerischen Darstellungen begleitet; diese Schreiber haben ein Genre gefunden, um mit Begriffen wie Geist, Reinheit, Ehrlichkeit und unendlich vielen anderen aufzutrumpfen, die gar nichts bedeuten, wenn sie eine Aussage über ein Bild machen sollen.

Wir wollen versuchen, den an Kunst Interessierten ein für allemal zu zeigen, dass ein Gemälde weder ehrlich, noch rein oder spirituell ist; es kann nur gut oder schlecht ausgeführt sein, oder künstlerischen Wert haben oder nicht haben; es ist eben die *Qualität* des Gemäldes, die bestimmt, ob ein Bild ein Kunstwerk oder irgendein beliebiger Gegenstand ist.

In diesem Aufsatz will ich nun auf das Porträt eingehen.

Die Porträts, die seit über einem halben Jahrhundert gemalt werden, lassen sich in zwei Kategorien einteilen. Zur ersteren gehören die akademischen und mondänen Porträts, zur zweiten die avantgardistischen oder sogenannten modernen Porträts. Akademische oder mondäne Porträts, die von offiziellen Malern und von Porträtisten gemalt wurden, die am eleganten Leben teilnahmen, sind selbstverständlich häufiger als die *modernen* Porträts; das ist so, weil die sogenannten *modernen* Porträts niemals ein Publikum zufriedenstellen konnten, das künstlerisch weit weniger vorbereitet war als das Publikum heute, wobei ich bei ‹wenig vorbereitet› an *Bürger* und *Snobs* gleichermassen denke. Im Grunde genommen möchten die Leute ihre Persönlichkeit mehr oder weniger normal dargestellt sehen. Eigentlich gibt es nur wenige *Intellektuelle*, die bereit sind, ihre weltliche Gestalt auf dem Altar des Modernismus zu opfern. Diesem heroischen Opfer sind die glücklicherweise nicht sehr häufigen, platten und leblosen Interpretationen zu verdanken, welche die *modernen* oder Avantgarde-Porträts verkörpern.

Die akademischen und mondänen Porträts enthalten weniger von dem, was man heute unter *Spiritualität* versteht, dafür aber sind sie sehr viel wirklichkeitsgetreuer als die modernen. Sie sind weniger auf Ästhetik aus, aber um so besser gezeichnet. Ihr Fehler ist, dass es keine Kunstwerke sind, weil ihnen künstlerisches Anliegen und malerische Schönheit vollständig abgehen. Der Hauptgrund dafür, warum den akademischen und mondänen Porträts das Künstlerische fehlt, ist die mindere Qualität der Materie, mit der sie gemalt wurden. Mit solcher Materie lässt sich nicht fein modellieren und weder die Leuchtkraft der Farben, noch die Preziosität textiler Strukturen oder die Transparenz der Schatten wiedergeben, kurz alles, was das faszinierende Mysterium der Porträts grosser Meister wie Rubens, Velazquez, Rembrandt oder Tintoretto ausmacht. Es ist also vor allem die schlechte Qualität der Materie, die den Unterschied zwischen einem akademischen, mondänen Porträt unserer Zeit und einem schönen alten Porträt ausmacht.

Man kann nicht pointiert genug auf die Frage nach der *Qualität der Materie* hinweisen. Um dem Leser den Unterschied zwischen einem guten und einem schlechten Gemälde augenfälliger zu machen, möchte ich behaupten, dass der Unterschied zwischen der Materie eines schönen alten Bildes und eines modernen Gemäldes der gleiche ist wie der zwischen einem Edelstein und einem Kieselstein.

Die akademischen Maler vom Ende des letzten Jahrhunderts und zum grossen Teil auch aus diesem Jahrhundert wie Bonnat, Carolus Duran, Zuloaga, Boldini und andere, besassen eine gewisse Geschicklichkeit und sicheres Handwerk, doch die Bilder, die sie hinterliessen, sind gerade wegen der Qualität ihrer Materie keine gute Malerei. Sie werden vor der Zeit nicht bestehen können, der besten Selektion zwischen guten und falschen Werten. Wer ist der Mann, der zum ersten Mal auf dieser Welt so richtig feststellte: Die Zeit stellt jedes Ding an seinen Platz? *Le temps remet toute chose à sa place?* Zeit, du grosse Trösterin und Ratgeberin von uns Menschen, die ohne deine Hilfe nicht leben und nichts begreifen können.

Von dem Moment an, da die Bürger die wichtigsten Käufer von Bildern geworden waren, degenerierte die Malerei und wurde Dekoration oder Gegenstand des Kommerz; die Porträts verkamen zu blossen Darstellungen der Personen, die sich porträtieren liessen, und hatten keinen künstlerischen Wert mehr. Das Porträt innerhalb der zeitgenössischen Malerei befindet sich in einer sehr prekären Situation, und das aus folgendem Grund: Ein Porträt ist sehr schwer zu malen, wobei das, was bei der Ausführung eines Porträts möglich ist, schlecht oder gar nicht geht, für den Laien evidenter und kontrollierbarer ist als bei jedem anderen Sujet. Deshalb ziehen die meisten Leute, die ein Porträt von sich malen lassen, die Ähnlichkeit den modernistischen und intellektuellen Interpretationen vor.

Die Leute sind von Natur aus zu sehr auf ihr physisches Aussehen bedacht, als dass sie bereit wären, es dem Intellektualismus und den Moden zu opfern, die sie hervorgebracht haben. Im Grunde genommen ist es selbst für die mystischsten und leidenschaftlichsten Apostel des Modernismus sehr viel weniger erfreulich und oft auch viel unangenehmer, wenn ihre Theorien auf das Porträt ihrer eigenen Person angewendet werden. Deshalb wandte sich der grösste Teil derjenigen, die ein Porträt von sich haben wollten, eher an akademische oder mondäne Maler, die von ihnen ein Porträt malten, das ihnen glich. Von modernen und Avantgarde-Malern hätten sie allenfalls ästhetisierende Interpretationen erhalten.

Selbstverständlich hat diese Vorliebe diejenigen Intellektuellen stark irritiert, die, obwohl von ähnlicher Verständnislosigkeit angeekelt, alle Porträts mit der grössten Verachtung straften, die eine gewisse Ähnlichkeit mit den Dargestellten aufwiesen, aber deshalb nicht weniger banal waren. In ihren Darlegungen zur Kunst haben diese Intellektoloiden, die entschlossen waren, niemals ein Porträt von sich anfertigen zu lassen, zugleich ihre feste Überzeugung geäussert, dass die Ähnlichkeit bei einem Porträt nichts tauge, letztlich auf einem überholten Vorurteil beruhe und nur von dummen Leuten verlangt werde.

Die *modernen* Maler sind mit dieser Theorie voll und ganz einverstanden, die für sie sehr bequem ist, während die akademischen und mondänen Maler sagen, und das mit Recht, dass die Verachtung der Ähnlichkeit durch die Unfähigkeit der modernen Maler bedingt sei, sie hinzukriegen. Was die *Modernen* behaupten, nämlich dass ein Porträt eine geistige Interpretation der porträtierten Person sein müsse, ist ganz einfach eine Ausrede, die dazu dient, die Schwierigkeiten beim Malen eines Porträts, das dem Modell gleichen soll, zu umgehen.

Ich akzeptiere selbstverständlich die Behauptung nicht, die Spiritualität in der Malerei sei eine Erfindung der *Modernen*. In der grossen Malerei ist sie ständig präsent als Phänomen, das von der Kunst nicht zu trennen ist. Sie ist ein Phänomen, das viele Formen annehmen kann, wie uns die Vielfalt und Komplexität derselben Geistesphänomene zeigen.

Die sogenannte Absicht der *Modernen*, sich von der Wirklichkeit abzukehren und irgend etwas anderes an ihre Stelle zu setzen, ist absurd und vergebliche Liebesmüh. Die Realität kann es in der

Malerei gar nicht geben, weil es sie hienieden schon nicht gibt. Das Universum exisiert nur in *unserer Vision oder unserer Darstellung*. Die Uniformität, mit der sich diese Darstellung oder Vision im Gehirn der Menschen spiegelt, hat allein mit der Uniformität der intellektuellen Fähigkeiten der Menschen im Allgemeinen zu tun, die das Gros der Menschheit betreffen. Folglich ist es nur natürlich, dass ein Künstler mit Talent, ein Mensch also, der sich von der Masse abhebt, die Vision oder das konventionelle Verständnis der sichtbaren Welt, die gängige Vision der Dinge, durch seine ureigene Vision, eine perfektere Vision also, ersetzen muss, die er dank seiner aussergewöhnlichen Fähigkeiten schaffen kann. Mit diesen neuen und verschiedenen Visionen und mit dem tieferen Verständnis, das die grossen Künstler für die in uns schlummernden Dinge haben, mit diesen Visionen und aussergewöhnlichen Darstellungen beeinflussen und verändern sie nach und nach die Darstellungen und Visionen durchschnittlicher Menschen. So entwickelte sich über Jahrhunderte und Jahrtausende die Zivilisation.

Ein grosser Teil der Menschheit besteht aus durchschnittlichen Menschen, wo von Vater zu Sohn überlieferte Vorstellungen von der Welt weitergereicht werden. Dieses gemeinhin akzeptierte konventionelle Verständnis der Phänomene des Universums ändert sich mit der Zeit und verändert dank der genialen Menschen andere, uns noch unbekannte Aspekte von Ideen und Dingen. Die Ähnlichkeit eines Porträts hängt von der Exaktheit und der Präsision ihrer Zeichnung ab, und ich bin absolut davon überzeugt, dass die Porträts der Alten Meister, um Meisterwerke (das heisst höchster Ausdruck des Geistes) zu sein, den Personen, die sie darstellen, genau gleichen müssen. Wenn das Porträt gut gezeichnet ist, muss es das *genaue Abbild* der Person sein, die Modell gestanden hat, und gleichzeitig sollte das Porträt ein Kunstwerk, also wie alle guten Bilder von *grosser malerischer Qualität* sein.

Ein Porträt erfordert ein grosses Wissen und grosse Meisterschaft im Zeichnen. Der kleinste Fehler in der Zeichnung verändert den Ausdruck, und verändert schliesslich auch die Züge eines Gesichts. Ein Porträt zu malen ist eine schwierige Arbeit und erfordert die Verwendung eines weit besseren Materials als kilometerweise hergestellte Leinwand und Tubenfarben, wie wir sie heute in den Geschäften finden. Ein Gesicht zu malen ist eine schwierige und komplizierte Angelegenheit, die den Einsatz malerischer Mittel erfordert, in deren Besitz die Alten Meister waren, und welche den Künstlern Ausführungen allererster Güte erlaubten. Es sind Mittel, an die wir uns nicht einmal mehr erinnern können. Darum widmen sich heute so viele moderne Maler mit Leidenschaft dem Stilleben und der Landschaft, aber nicht dem Stilleben à la Jordaens oder Chardin, und ebenso wenig den Landschaftsstudien in der Manier von Poussin oder Rubens. Das Schicksal wollte es, dass zur selben Zeit, da die Bürger als wichtigste Käufer von Bildern die Aristokraten und andere Persönlichkeiten ersetzt haben, die Künstler unter den Malern ausserordentlich selten wurden. Genies wollten in diesen Zeiten des Übergangs nicht mehr auf die Welt kommen; Zeiten, in denen das neue Publikum, das sich für Kunst interessierte, so schlecht auf sie vorbereitet war.

Die Menschen, die aus diesen sozialen Umwälzungen hervorgingen, mussten sich instinktiv von den materiellen Erfindungen des menschlichen Geistes angezogen fühlen. In der Tat haben sich die Menschen aus der Mitte des Jahrhunderts mehr für die Veränderungen des industriellen und mechanischen Fortschritts interessiert, als für den Fortschritt ihrer Kultur. Das brüske Verschwinden des Kunstsinns zog immer weitere Kreise und erfasste auch das Milieu der herausragenden und hochgestellten Persönlichkeiten, also auch diejenigen, die wegen ihrer aussergewöhnlichen Stellung oder atavistischen Tradition mehr als alle anderen Liebe und Verständnis für die Kunst hätten aufbringen und bewahren müssen.

Jacques-Louis David war der letzte grosse Maler, der Porträts von illustren Persönlichkeiten malte. Nach ihm verlor das offizielle Porträt seinen Rang, den es jahrhundertelang in der Kunst behauptete. Ingres hat keine hochgestellten Persönlichkeiten mehr gemalt, weil diese kein Verständnis für sein Werk aufbrachten. Delacroix und Courbet erachteten Napoleon III. und sein Milieu für unfähig, ihre Malerei zu verstehen. Tatsächlich hegte Napoleon III. gar keine Sympathie für die Malerei dieser beiden grossen Künstler, wie Zeitzeugen berichten. So wurden bei den Künstlern keine offiziellen Porträts mehr in Auftrag gegeben, weil die hochgestellten Persönlichkeiten, die Staatschefs, Könige, Fürsten und Päpste, mechanisch hergestellte Porträts verlangten und keine Liebe und kein Interesse für die Kunst mehr aufbringen konnten.

Es wäre wünschenswert, wenn das offizielle Porträt seine künstlerisch wichtige Position wieder einnehmen könnte, die es in der Vergangenheit hatte und auf die es Anrecht hat. Denn es gilt zu verhindern, dass die banalen Bilder, auf deren Niveau die Porträts der herausragenden Persönlichkeiten unserer Zeit reduziert werden, die Menschen vergessen lassen, dass es die Grossen dieser Welt waren, die den genialen Künstlern als erste Modell standen; und dass diese Werke von unschätzbarem künstlerischen Wert anregten.»

Monsieur Dudron unterbrach die Lektüre für einen Augenblick, während sein Freund gestikulierend seine Zustimmung und Befriedigung ausdrückte. Darauf sagte der Freund: «Wie richtig ist das alles, mein lieber Dudron. Was mich am meisten verwundert, ist, dass heute auch diejenigen, die so viele Seiten sowohl über die alte als auch über die moderne Malerei vollschreiben, nicht in der Lage sind, etwas auch nur annähernd Klares und Logisches zu schreiben. Wenn ich lese oder höre, was Isabella Far über die Malerei und andere Probleme des menschlichen Denkens sagt, glaube ich aus diesen Seiten so etwas wie Poesie oder höheren Lyrismus zu hören, wo nichts dem Zufall überlassen scheint, wo alles erstaunlich klar dem Impuls einer harmonischen Logik entspringt.»

«Ja, mein Freund», gab Monsieur Dudron zurück, «ich bin voll und ganz mit Ihnen einverstanden. Diese Schrift über die Porträts ist ein echtes Meisterwerk. Aber bevor wir uns schlafen legen, möchte ich ihre Abhandlung über das Stilleben zu Gehör bringen, die noch schöner ist. Achtung, es geht los:

Nature morte

Nature morte, das Stilleben, hat im Englischen und Deutschen einen anderen, viel schöneren und zutreffenderen Namen: *Still life* oder *Stilleben*, stilles Leben. In der Tat geht es um eine Malerei, die das stille Leben der Dinge darstellt; ein ruhiges Leben ohne Lärm und ohne Bewegung, ein Dasein, das sich mittels Volumen, Form und Plastizität ausdrückt.

In der realen Welt der Dinge sind Früchte, Blätter, usw. unbeweglich, doch sie könnten von Menschenhand oder vom Wind bewegt werden. Die *nature morte* stellt Gegenstände dar, die vom Standpunkt des Lärms und der Bewegung aus betrachtet nicht leben, die aber ans Leben der Menschen, der Tiere und der Pflanzen gebunden sind. Diese Dinge sind auf unsere Erde gestellt worden, welche intensiv ein Leben voller Lärm und Bewegung atmet.

Auf unserem Planeten ist alles von Luft umschlossen. Ohne Luft wäre alles tot. Die Luft dringt in die weichen Dinge ein, in die Seiden- oder Samtstoffe, in eine Daunendecke oder eine überreife Frucht. Betrachtet man diese Gegenstände, die der Luft so wenig Widerstand bieten, diese zarten und weichen Dinge, die angenehm zu berühren sind, scheint es so, als ob die Luft sie enger umschlösse als andere Gegenstände, um mit ihnen eine Einheit zu bilden. In einem Gemälde muss diese völlige Umschliessung durch die Luft sichtbar sein, die in der Realität die weichen Dinge kennzeichnet. Die Lufthülle wirkt wie abgeschnitten, abgestossen von den harten Umrissen, und gibt unseren Blicken nicht mehr die schmeichelhafte Ruhe preis, die ihre heilsame Präsenz vermittelt. Es ist notwendig, dieses Luftspiel zu malen, das die Substanz der Gegenstände charakterisiert und präzisiert, und sowohl ihre Härte, als auch ihre Weichheit vermittelt. Die Substanz der Dinge zählt mehr als ihre Farbe. Die Substanz bestimmt die Form, während die Lufthülle, welche die Dinge einhüllt, die Plastizität hervorhebt. Es ist die Luft, welche den für uns unsichtbaren Aspekt der Gegenstände erahnen lässt und sichtbar macht. Die Luft lässt die Dinge auftauchen, sie entschärft die Kanten ihrer Konturen und intensiviert gleichzeitig ihre Formen. Die Luft ist überall, und *sie muss auf der Leinwand auch gemalt werden.*

Die Luft zu malen ist sehr schwierig. Luft zu malen heisst, den Dingen eine solche Plastizität, ein solches Volumen und eine so kräftige Form zu geben, dass wir fühlen können, wie die Luft zwischen dem einen und dem anderen Gegenstand strömt und die Gegenstände unbeweglich, aber *lebendig* in der sich verschiebenden und bewegten Luft wie magisch festgebunden oder festgehalten verharren.

In einem Bild hängt alles von der Materie ab, mit der dieses gemalt ist. Die Plastizität der Formen wird sowohl von der physischen wie von der metaphysischen Materie bestimmt, die dem Bild eigen sind. Die physische Materie ist der tastbare Körper der Malerei, die metaphysische ist das Talent mit dem Wissen, wie dieser Körper zu erschaffen ist. Die schöne und von Weisheit erfüllte Materie lässt uns die Luft und die Effekte ihres Spiels betrachten, oder vielmehr fühlen. Ein Maler mit Talent malt wirklich das stille Leben der von der Natur erschaffenen oder vom Menschen hergestellten Dinge, wenn er ein Stilleben malt. Die

Natur und die Wirklichkeit haben weder ästhetische Probleme noch künstlerische Sorgen. Es ist die Aufgabe des Künstlers, den Dingen, die er sieht und interpretiert, Schönheit zu verleihen. Ein Krug kann auf dem Tisch eines Bauern etwas so bescheidenes und unbedeutendes sein, dass man ihn kaum bemerkt; auf einem schönen Bild aber kann er zu einem grazilen und reizvollen Gegenstand werden.

Das zusammengesete Wort *nature morte* ist im letzten Jahrhundert aufgekommen. Damals verkörperte es noch eine Prophezeiung, die sich erst in der Malerei unserer Zeit verwirklichen konnte. Die echten *nature mortes* sind nämlich die modernen Bilder mit Früchten und Gegenständen ohne Form und Volumen, weil die darauf dargestellten Dinge flach sind, inexistent und ohne Luft. Sie sind *wahrhaft* tot.

Vor einem schönen Stilleben rufen einfache Leute ohne intellektuelle Ambitionen manchmal aus: ‹Wie echt sehen diese Äpfel und Orangen aus, als könnte man sie anfassen! Und erst diese Trauben, ich wollte, ich könnte eine davon pflücken und essen!› Diese enthusiastischen, arglosen, naiven und doch ganz ehrlichen Worte sind eine Warnung an diejenigen Intellektuellen, die noch nicht im Schlamm des Snobismus untergegangen sind; an diejenigen, denen der Snobismus noch das letzte menschliche Gefühl, die letzte Freude und Lust beschneiden und schliesslich ganz rauben könnte. Ich würde auch meinen, dass es völlig egal ist, wenn dieselben einfachen, ehrlichen und enthusiastischen Leute das gleiche von einem Bild von zweifelhaftem künstlerischen Wert sagen. Es ist völlig bedeutungslos; was zählt, ist die ehrliche Freude, die ein Mensch angesichts eines Bildes empfindet. Die Freude, die im Gemüt eines einfachen Menschen von einem wahren Kunstwerk hervorgerufen wird, ist stärker und tiefer als die Freude, die ihm ein Bild bereitet, das ihm einfach nur gefällt. Die vor einem Bild empfundene Freude lässt mich hoffen, dass ich den Tag noch erlebe, an welchem die Schönheit der noch einmal wiedergeborenen Malerei diese Freude rechtfertigen wird.

Wir wollen deshalb den Namen *nature morte* ändern, der in einem Augenblick prophetischer Inspiration Bildern gegeben wurde, die unbewegte Dinge und Gegenstände darstellen. Wir wollen die Bilder stille Leben, *vies silencieuses*, nennen. Vielleicht wird dieser neue Name helfen, den Fluch der unheilvollen Prophe-

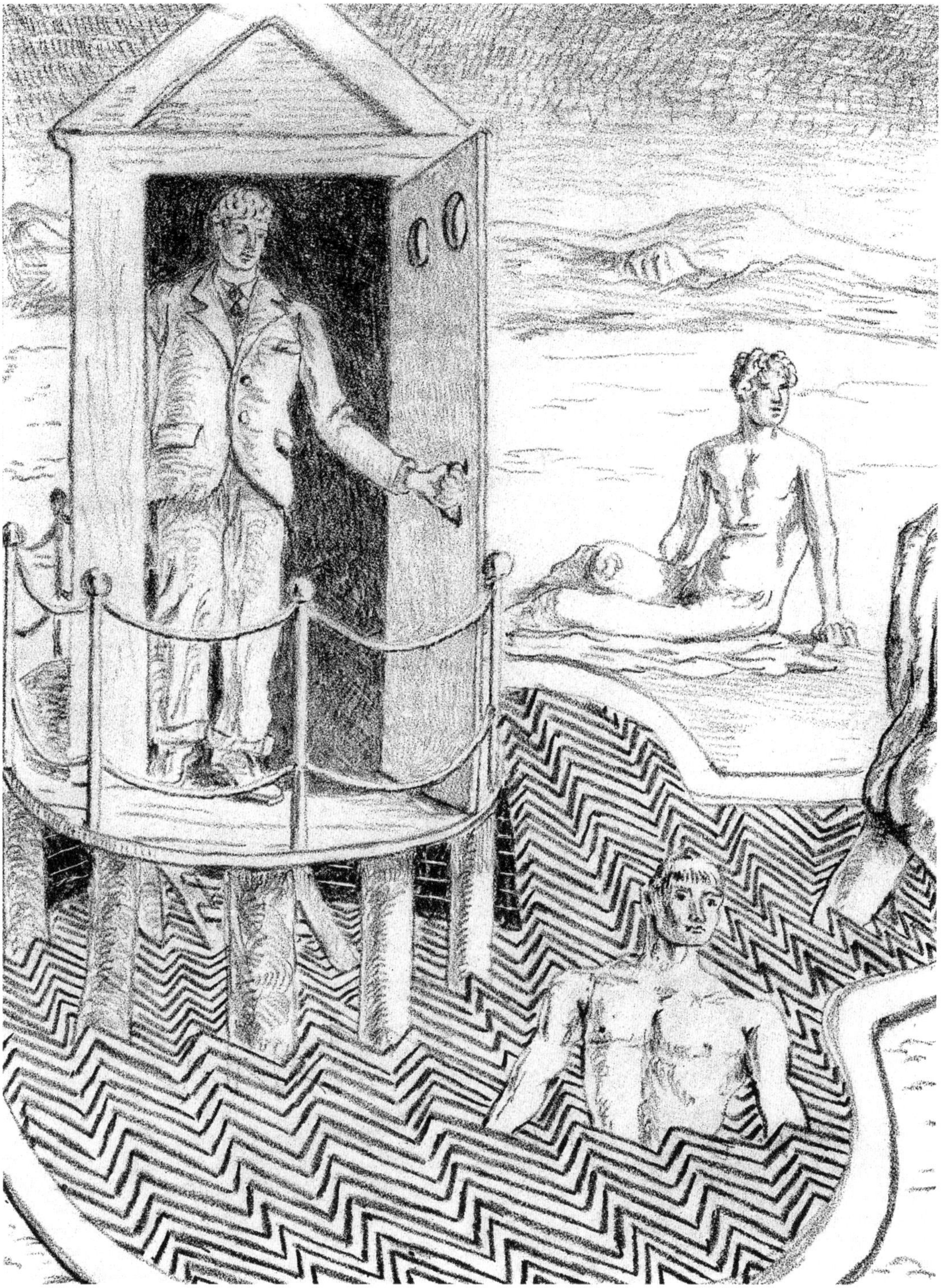

zeiung aufzuheben, die sich heute so voll und ganz bewahrheitet hat...»

Monsieur Dudron schloss das Buch. «Gehen wir schlafen», sagte er zu seinem Kollegen. «Ich überlasse Ihnen mein Bett. Ich werde mich im Atelier aufs Sofa legen. Wir haben über so viele verschiedene Dinge gesprochen, von denen die Menschen heute gewöhnlich entweder nur die Vorder- oder nur die Rückseite betrachten.»

Monsieur Dudron wünschte seinem Freund eine gute Nacht. Dann zog er sich aus, legte sich hin und säumte nicht, sofort einzuschlafen – müde, nach einem Tag, so reich an grossen und schönen intellektuellen Abenteuern.

Auch der Autor dieser Seiten wird nun schlafen gehen, lieber Leser und Sie, verehrte schöne Frau. Auch er ist müde und es ist spät, beinahe ein Uhr in der Nacht. Er wird sich also hinlegen und mindestens bis zum Mittag schlafen. Immer schon hatte er das Bedürfnis, viel zu schlafen, etwas übrigens völlig Normales, weil ein langer Schlaf, wie Arthur Schopenhauer zu sagen pflegte, dem Genie ein unverzichtbares Gut ist.

Georg Baselitz

Sächsische Köpfe – Sassone Divino

Mit mir stehe ich vor dem Spiegel und sehe einen anderen, auch hinter jedem Sachsen steht ein zweiter, anderer.
  Es ist schön, dass hinter Giorgio de Chirico ein Grieche und ein Italiener stehen. Er hat verkleinert wie Cranach, auch pompejanisch monumentalisiert. Das Lebensbild, eins zu eins, ist nicht seine Sache, und schon haben wir ein nördliches, transalpines Indiz, über Böhmen und Sachsen die Elbe runter. Manchmal geht es eben um kleine, funktionelle Sachen, enge Kompressionen, das Kleinbild, so wie Cranach es machte und Paul Klee.
  Die Jahrhundertwende in Rom oder Athen, der Historismus noch nicht am Ende, alle tragen Hüte und lange Kleider. Nietzsche in Turin, die Pferdedroschke, das Alpenpanorama, die Architektur, fast alles Renaissance wieder, so viele Kulte um die Gesundheit, neue Religionen und Wagner, Böcklin, Segantini, alles Sachsen.
  De Chiricos zunehmende Diskriminierung, seine frivole Behäbigkeit, sein Hängekinn, der Hang zur Antike, diese schlechten Manieren noch im hohen Alter, das ist doch deutsch, nicht preussisch, eher schwäbischdeutsch, hölderlindeutsch, so wie ihm die Bilder zufliegen, erst der Eklektizismus und viel Kalkül, danach die Wut, der Rausch, der Kitsch, so unbesonnen, gestellt, spitzfindig, kokett, mit der Überzeugung, dass die Bilder weiter laufen als das Flugzeug fliegt. Das ist ein Nachbar von Franz Marc und Kandinsky am Staffelsee, dicht bei Murnau, siehe die Hinterglasbilder mit dem applizierten Blattwerk samt Blüte.
  Die Industrietechnik baut Brücken überall, die Deutschen gleich die Dynamitschächte mit hinein ins Fundament. Die Leute heben ihre Füsse nicht, lange Schatten, sie stehen fest am Boden, der Himmel ist kein Breitformat. Es fehlt die Kirche und der Messgang auch. Es ziehen ja nicht nur Gegensätze an, auch Verwandte können durchaus anziehend sein, besonders wenn man diese weit weg von zu Hause trifft.
  Die Ansammlung von Raritäten der Malgeschichte wirkt wie festgenagelt am Bild, aber auch hintergründig und wertvoll. Leider gehören nicht alle Köpfe ins Sachsenbuch mit Meissner Schwertern von Onkel Wilhelm, aber irgendwo habe ich gelesen, dass Arcimboldi Sachse gewesen sei, sein Vater soll als Söldner in Italien gedient haben, oder bei den Österreichern in der Toskana. Wäre das doch wieder so ein Fall, wo der Ballon aufgestiegen ist und eine Strecke zurücklegt, bevor er zu Boden geht, auch Italo Svevo vielleicht, oder? So viel Italienisches, Land und Leute, wurde festgehalten von deutschen, hin und her wandernden Malern. Schliesslich schicken die Italiener heute noch ihre

Schuhe hierher, und die Titel von Bildern wie «Liebesleid». Interessant sind auch die Bastarde und Grenzgänger auf den Bergrücken, sofern diese Berge Grenzen bilden, die von unten kommen oder von hinten, wo etwas nicht gesagt wird, was man aber sieht. Ein Bruderverhältnis zum Beispiel. Wer ist der Bruder? Ist Savinio der Bruder von Giorgio oder Giorgio der Bruder von Alberto? So eindeutig ist das hier nicht wie bei Alberto G., der einen Bruder Augusto hat. Igor hat russische Volksklänge in seine Melodien gemischt, französisch, deutsch oder englisch sprechend, Negermusik auch, das erste war der Ballast in der Hosentasche, den er, beziehungsweise man mit sich rumträgt, wie Molloy seine Lutschsteine; der Jazz dagegen war modern in jener Zeit. Ich denke, mit den Antiken auf römischen Plätzen ist das nicht so. Giorgio ist doch eher Sachse. Wie Rousseau, von dem man sagt, er sei Zöllner gewesen und Geigenspieler.

Luciano Fabro

Art Body

Es gibt Kopfkünstler. Sie entwickeln Gedanken darüber, was es heisst, ein Künstler zu sein und über das, was die Kunst will; sie organisieren, sie dirigieren, sie stecken Ziele ab, auf keinen Fall aber schaffen sie es, die eigentliche künstlerische Aktivität zu zensieren.

Es gibt Mundkünstler. Sie bringen nichts zustande, packen mit den Zähnen zu; sie kosten, sie haben einen raffinierten Gaumen, sie haben Geschmack, sie sind der schöpferischen Ursuppe der Kunst und ihrer Entwicklung nahe.

Es gibt Armkünstler. Sie haben eine grosse Kapazität, etwas zu verwirklichen und neigen, besonders in der Langeweile des Alters, zu gewissen Formen der Frenesie. Sie stehen am Ursprung der künstlerischen Brutstätten.

Es gibt Bauchkünstler. Diese sind in der Lage, von allem etwas zu verdauen und aus allem Substanz zu ziehen. Alles, was auf sie zukommt, müssen sie verarbeiten; sie haben keine Möglichkeit, etwas zurückfliessen, sondern nur die Kapazität, etwas abfliessen zu lassen.

Es gibt Sexkünstler. Ihre Kreativität ist schwer zu beurteilen, weil sie nicht immer zeigen, dass sie selbst künstlerische Chromosomen besitzen; aber es kommt vor, dass sich aus der Distanz von Generationen bestimmte Kombinationen als positiv erweisen, dann, wenn neue Künstler daraus hervorgehen. Das hat nicht notwendigerweise mit einer pädagogischen oder didaktischen Tätigkeit zu tun, welche allenfalls Informationen, nicht aber das Wesen der Kunst vermitteln kann.

Es gibt Arschkünstler. Sie haben die einzige Funktion, die Scheisse der Kunst und den Abfall der Mund- und der Bauchkünstler auszuscheiden. Sie gehören mit Recht genauso zum Kunstkörper wie die anderen; doch wehe, wenn sie ihre Funktion umkehren, und sie alles unternehmen, etwas für den Mund, oder für den Kopf, oder für ... zu schaffen.

Es gibt Beinkünstler. Sie verändern die Zonen, wo Kunst eingreifen kann; sie machen aus ihr etwas Dynamisches, Uneinnehmbares und Unvorhersehbares.

Es gibt Fusskünstler. Sie dienen dem Kunstkörper als Stütze. Sie begreifen nicht, was sie tun; doch wenn ihr Halt einmal ausbleiben sollte, dann wird sich auch der ganze Kunstkörper nicht mehr halten können.

Johannes Gachnang

De Chirico und die Architektur
Ästhetische Erwägungen

Que veut dire le rêve des artichauts de fer?
de Chirico, «Hebdomeros»

Bereits in den sechziger Jahren beschäftigten sich Künstler und Architekten damit, den Ort (*place*) einer Skulptur oder eines Bauwerks in der ihnen zugedachten Umgebung zu definieren und in der Praxis zu konstituieren. Die gewonnenen Einsichten erlaubten ein Weiterarbeiten am gestellten Thema mit Blick auf ein grösseres Ganzes wie zum Beispiel dem Modell Museum oder der Idee der Stadt. Diese Suche erlaubte wiederum den Spezialisten, die Geschichte addierend weiterzuschreiben. Mir selbst, als passionierten *amateur d'art*, brachten die gewonnenen Einsichten die Erkenntnis, dass ein Künstler wie de Chirico bereits ein halbes Jahrhundert zuvor derlei Ideen auf unkonventionelle Weise in seinem malerischen Werk entfaltete. Ob nun als Bühnenentwürfe oder Szenarien fürs Theater, auf jeden Fall waren es Orte, die seine Bilder schufen, wo sich das Entscheidende mit eigenem Zauber abspielen sollte. Der Architekt Aldo Rossi (1930–1997) umschrieb die Situation mit folgenden Worten:

Jeder Ort ruft sich in dem Masse in Erinnerung, in dem er ein Ort der Zuneigung wird, oder anders gesagt: Jeder Ort ist in dem Masse einzigartig, als er Verwandtschaften und Analogien mit anderen Orten aufweist, die zu einer Unmittelbarkeit besonderer Art einladen.

Und er erinnert an die Verkaufsstände der Märkte oder die Kapellen und Beichtstühle in Kathedralen, strategische Punkte der Kommunikation zwischen Menschen, also Beziehungen zwischen dem Einzelnen im Rahmen eines Ganzen. Auch für de Chirico war es immer ein Anliegen, das menschliche Drama zu den allgemeingültigen Mythologien in Beziehung zu setzen und uns als Bild zu erhalten.

So malte er das Bild *Piazza d'Italia* sein Leben lang, und zwar in allen Grössen und Farben, um den gewonnenen Erfahrungen Raum zu geben, ihnen einen würdigen Ort zu erschaffen. Wollte er mit diesem Kunstgriff der Architektur der Stadt, aber auch unserer Zeit, und seiner Aufgabe, der Malerei, nicht auch die Vorstellung einer Grösse hinzufügen, die sicherlich der Grösse seiner viel zitierten Götter entsprechen sollte?

Auf seiner Bühne reduziert der Maler die Architektur zum *repoussoir*, doch der Schlagschatten über der rechten Bildhälfte, parallel zur Diagonale, hilft der

Komposition und macht das Werk interessant. Im Vordergrund finden wir als Zitat, jeweils auf Sockeln, die Liegende oder der Stehende, eine Reminiszenz an die Vergangenheit mit der Aufgabe, den Bildraum zu öffnen. Diesen zu definieren gelingt mit dem schmalen Band, das sich gleich einem Ornament etwas über der Mittellinie von rechts nach links über die Breite des Gemäldes zieht und den Horizont markiert. Der ins Bild gebrachte Eisenbahnzug mit Dampflokomotive gibt die Richtung an, deutet aber auch die Idee von der Zeit an; während Kamine und Wassertürme vor einer nicht weiter bezeichneten Agglomeration und einer niedrigen, langgestreckten Hügelkette die industrielle Revolution in Erinnerung rufen. Die Perspektive der Architektur entwickelt sich unter bedrohlichem, dunklen Himmel, so wie ich ihn nur in den Büchern von Joseph Conrad (1857–1924) beschrieben finde:

In seinem Rücken war die schwarze Nacht mit ihren strahlenden Sternen, deren fernes, über zurückweichende Ebenen zersprengtes Glitzern das Auge weiter hinein in die Tiefen eines grösseren Dunkels lockte.

Stellen Sie sich vor, Sie sitzen an einem heissen, schwülen Tag im August auf der Terasse eines der fünf Kaffeehäuser an der Piazza San Carlo in Turin und beginnen die nachmittägliche Lektüre mit dem 11. Kapitel von Conrads *Lord Jim*. Und erinnern sich gleichzeitig daran, an welchem Ort die Architektur des menschlichen Dramas ihren Ausgangspunkt nehmen kann, vor welchen Bildern wir stehen, und vor allem, von welchen Phantasmen wir jetzt verfolgt werden. Der Maler zeigt uns seine persönlichen in Bildern, aber gleichzeitig lässt er den Betrachter spüren, von welchen Bildern er sich künstlerisch getrennt hat.

Ästhetische Erwägungen? Beim Schreiben dieser Zeilen erfahre ich meine Liebe zu bestimmten Wörtern und Ausdrücken; in Vorahnung des gedruckten Textes meinen Sinn für Typografie und Gestaltung – alles Möglichkeiten, dem Aufsatz Sinn und Form zu geben: eine Collage besonderer Art. Wer trägt heute noch einen Hut ohne Rand? Der Saltimbanque! Aber der ist bereits hinter dem Vorhang verschwunden, und inzwischen weg von Bühne und Guckkasten.

Vor welchen Meeren liegt die *Piazza d'Italia?* Das frage ich mich heute, wohl wissend, dass mir diese Frage nur ein Künstler wie Giorgio de Chirico beantworten will. Von neuem in Mailand besuchte ich seinen 1973 entworfenen Brunnen in der Achse der Triennale im Parco Sempione – ein Ort, einst entworfen, von Liebe und Architektur zu sprechen, wenn das zuständige Gartenamt und ihre Gärtner die Anlage in Ordnung hielten.

Inhaltsverzeichnis

Paolo Picozza, Anmerkungen zur deutschen Ausgabe 5

Jole de Sanna, Dudron: Du nord 8

Walo von Fellenberg, Giorgio de Chirico in der Rolle des Monsieur Dudron 14

Giorgio de Chirico, Monsieur Dudron 21

Georg Baselitz, Sächsische Köpfe – Sassone Divino 129

Luciano Fabro, Art Body 131

Johannes Gachnang, De Chirico und die Architektur 132

Dieses Buch wurde gedruckt mit Unterstützung der
Ulrico Hoepli-Stiftung Zürich.
Unser Dank geht auch an die Fondazione Giorgio e Isa De Chirico, Rom,
vertreten durch Paolo Picozza und Jole de Sanna.

Die 10 Abbildungen im Text sind Lithographien, die von Giorgio de Chirico
1934 geschaffen und in Paris in einem Portfolio unter dem Titel *Mythologie*
(Bagni misteriosi), mit Gedichten von Jean Cocteau herausgegeben wurden.
Für die Vorlagen danken wir R. M. Mason vom Cabinet des estampes,
Musée d'art et d'histoire, Genf.

Umschlag vorne: Giorgio de Chirico, *Angelo e autovettura*, 1949; hinten: Gedichtzeile (facsimile) von Jean Cocteau aus *Mythologie.*

© Verlag Gachnang & Springer AG, Bern 2000
© für die Abbildungen der Werke de Chiricos: ProLitteris, CH-8033 Zürich
Lektorat: Christiane Meyer-Thoss
Redaktion: Constance Lotz
Gestaltung: Václav Požárek, Bern
Photolithografie: ProLith AG, Bern
Gesamtherstellung: Stämpfli AG, Bern, Peter Sennhauser

Printed in Switzerland

ISBN 3-906127-59-1

Italienische Künstler und Autoren in unserem Verlag:

Carla Lonzi
Selbstbildnis Autoritratto

Zur italienischen Kunst um 1967.
Gespräche mit u. a. Luciano Fabro, Lucio Fontana,
Jannis Kounellis, Giulio Paolini.
Den Text begleiten zahlreiche sw-Abbildungen.

Luciano Fabro
**Kunst wird wieder Kunst –
Arte torna Arte I**

Reden und Vorlesungen.
Mit einem Gespräch von Bruno Corà
mit Luciano Fabro und
einem Nachwort von Werner Oechslin

Luciano Fabro
**Das Gewebe unter der Kruste –
Arte torna Arte II**

Eine Anthologie der Vorlesungen und Vorträge 1980–1997.
Den Text begleiten verschiedene sw-Abbildungen

Jannis Kounellis
Ein Magnet im Freien

Schriften und Gespräche 1966-1989.
Mit einer Einleitung von Rudi Fuchs.
Die Gespräche führten u.a. Carla Lonzi, Marisa Volpi,
Italo Moscati, Robin White, Bruno Corà, Giancarlo Politi.
Den Text begleiten sechs Abbildungen
von Zeichnungen von Kounellis.

Aldo Rossi
Wissenschaftliche Selbstbiografie

Biografische Aufzeichnungen
des italienischen Architekten Aldo Rossi.
Den Text begleiten 25 sw-Abbildungen